FREELONİA'NIN O'HALLERİ

BirGün Londra Yazıları

FREELONİA'NIN O'HALLERİ
BirGün Londra Yazıları

İbrahim Sirkeci

TRANSNATIONAL PRESS LONDON
2021

TÜRKÇE SERİ: 12

FREELONİA'NIN O'HALLERİ

BirGün Londra Yazıları

İbrahim Sirkeci

Copyright © 2021 Transnational Press London

All rights reserved. This book or any portion thereof may not be reproduced or used in any manner whatsoever without the express written permission of the publisher except for the use of brief quotations in a book review or scholarly journal.

First Published in 2021 by TRANSNATIONAL PRESS LONDON in the United Kingdom, 12 Ridgeway Gardens, London, N6 5XR, UK.
www.tplondon.com

Transnational Press London® and the logo and its affiliated brands are registered trademarks.

Requests for permission to reproduce material from this work should be sent to: sales@tplondon.com

Paperback
ISBN: 978-1-80135-009-9
Digital
ISBN: 978-1-80135-054-9

Cover Design: Nihal Yazgan
Cover image: Shireen Tofig

Transnational Press London Ltd. is a company registered in England and Wales No. 8771684.

İbrahim Sirkeci İzmir Bulgurca'da başladığı eğitimine Buca Lisesi ve Menderes Lisesi'nde devam etti, "burslu" olarak okuduğu Bilkent Üniversitesi Siyaset Bilimi ve Kamu Yönetimi bölümünden mezun oldu. Okuldan ziyade siyasetin kendisine ilgi duyduğundan Sosyalist Birlik Partisi, Birleşik Sosyalist Alternatif ve Birleşik Sosyalist Parti'de çalıştı ve Özgürlük ve Dayanışma Partisi'nin kuruluşunda ve ilk kongresinde de yer aldıktan sonra "mecburiyetten" İngiltere'ye gitti. Burslu olarak Sheffield Üniversitesi'nde doktorasını tamamladıktan sonra ve dönemin ve göçmenlikten kaynaklı romantizme kapılıp 2003 yılında Türkiye'ye "kesin" dönüş yaptı. Bir yıl sonra, 2004 yılında, ikinci kez Türkiye'den ayrılıp önce Bristol Üniversitesi'nde daha sonra da 16 yıl Regent's Üniversitesi Londra'da görev yaptı. Halihazırda Galler Üniversitesi Trinity Saint David, Edinburgh Napier Üniversitesi, Hertfordshire Üniversitesi, Coventry Üniversitesi ve Batı İskoçya Üniversitesi'nde yarı zamanlı olarak çalışmaktadır. İbrahim Sirkeci'nin bilimsel çalışmaları nüfus değişimi ve göç konusuna odaklanmıştır. Göç ve çatışma modeli ile alana önemli bir teorik açılım sunmuştur. Sirkeci aynı zamanda *Migration Letters*, *Göç Dergisi*, *Remittances Review*, *Border Crossing*, *Kurdish Studies*, *Transnational Marketing Journal* gibi çok sayıda hakemli uluslararası derginin kurucularındandır ve çok sayıda editörlük görevi yürütmektedir. 2008 yılı Ağustos ayında BirGün gazetesinde yazmaya başladığı Londra Yazıları bu kitabın temel kaynağı olmuştur.

İÇİNDEKİLER

Önsöz 1
BİRİNCİ BÖLÜM 5
SİYASET VE SEÇİMLER 5
Tersine Meşrutiyet 7
Popülizm ve Millî İrade Yalanı 9
Demokrasiyi Engellemek 11
Freelonya'ya Başk(an)ayasa 13
Sağ, Sol ve Seçim 15
Haziran Seçimlerinde Ne Olmaz? 17
Demokrasi Meselesi 21
"Durun Siz Kardeşsiniz"den Bir Adım Ötesi 23
Kadınlar Partisi 27
Seçimler ve Futbol: 11 Gerçek 29
CHP ve BDP'den Sosyal Demokrat İktidar Olur mu? 31
Üç İstibdat Döneminde Geçen Çocukluğum 33
Halkın Dostları: Komünistler, Sosyalistler, Devrimciler, Ateistler ... 35
Dünyada Seçim Cinayetleri ve Suruç 37
"Diktatöre Mektup" 41
CHP-HDP: Durun Siz Kardeşsiniz! 43
Cumhurbaşkanı Seçimsizliği 47
Seçim ve Feysbuk Yazısı 49
İKİNCİ BÖLÜM. DEMOKRASİ DAVALARI VE MACERALARI ... 53
Katakullı Demokrasisi 55
Amerika'yı Protesto Etmek 61
Amerikan Boykotu 63
Yaz Saati Uygulaması 65
Mugabe'nin 21 Stratejisi 67
Darbeler ve Ayakla Oy Vermek 71

Burkina Faso'da Darbe ve Kahraman Freelonialılar 75

Özgürlük, Adalet ve Masumiyet Karinesi 79

"Solcular" Neyin Peşinde? 81

Demokrasiyi Kutlamak 85

Yürümenin Anlamı 89

Türkiye'nin Millî Sporu: Komplo Teorileri 91

İngiltere'deki Dış Mihrakların Türk Demokrasisi Aşkı 93

Ece'yi Savunmak 95

Başbakanlar Sevme Objesi Değildir 99

ÜÇÜNCÜ BÖLÜM. FREELONİA'NIN O'HALLERİ 103

Buradan Nasıl Görünüyor? 105

Yolsuzluk 109

Türkiye'nin AB Üyeliği 111

Kalkınmanın Adaleti ve Ahlaki: Türkiye Dünyanın Neresinde? 115

Türk Hava Yolları'nda Grev ve Irkçılıkla Mücadele 119

Gül'e Ödül 121

Avrupa'da Olmamak ve Yaşlı İzmir 123

Eğitim Şart! 125

Enternasyonalist Seferberlik 127

Heves de Etmez miydi? 129

Freelonİa'nın Son Halleri 131

Koronavirüs Salgınında Sultanın Halleri ve Freelonya'da Önlük Skandalı 133

Ankara Anlaşmalılar: Hocam Biz Mutsuzuz! 137

Kovid-19, Mülteciler ve İnsanlık 1.0 139

Kovid-19 Salgını ve Tedbir Almanın Dayanılmaz Hafifliği 141

Koronavirüs ve 'Şaibeli' Sayılar 145

Koronavirüs ve Korku İmparatorluğu 147

"En Alttakiler" 149

ÖNSÖZ

Freelonia kurgusal bir siber ulus. 1992-1995 yılları arasında Ankara'da Bilkent'te siyaset bilimi alanında lisansımı yaparken hayatımıza giren internetin ilkel hallerinden heyecanlanıp kurduğum bir sanal ülke ya da mikro-ulus denemesi.

Freelonia aynı zamanda sıklıkla kaçıp kendimi dinlediğim ve sığındığım da bir sanal mekân. Koruyan ve kollayan Freelonia'ya sığın! İngilizce bilmeyenler için kısaca Freelonia'nın özgür ve yalnız ülke anlamına gelen ve benim uydurduğum İngilizce bir kelime olduğunu belirteyim. Türkçe'de Freelonya olarak da kullanılabilir ve hatta öyle kullanılmalı. Ancak orjinaline sadık kalmak hatrına bu kitaptaki yazılarda ikisinin de kullanıldığını ve bu anlamda bir düzleştirme yapmadığımı belirtmeliyim. Böyle yapmamın nedeni de bu tercihte kararsız kalmam.

Freelonia'nın tarihini de bilahare anlatma şansımız olur diye umuyorum. Mikro-ulus veya siber-ulus kavramı yeni ve tazeyken temel beklenti internet üzerinden egemen ulus devletlerin gücünün sarsılacağı yönündeydi. Ulus devlet sınırlarının ötesine çıkan, yani ulusötesi alanda ortaya çıkan mikro-ulusların çeşitli kavramlar, talepler ilgi alanları üzerinde kurulması mümkün görünüyordu. O dönemde Freelonia ile birlikte ortaya çıkan ve Mikrouluslar Birliği gibi çeşitli birleşmiş milletlere öykünen fantazi devletlerin arasında örneğin Reunion'ın bağımsızlığını savunan teritoryal türden mikro-ulus projeleri de vardı.

1996 yılında "Freelonia Sultanlığı'nı kurduğumda" bir kaç ay gibi kısa bir sürede Kanada'dan Avustralya'ya dünyanın dört bir yanından 200'den fazla "vatandaş" kaydoldu. Herşeyin elektronik posta üzerinden yürüdüğü sanal ülkede iki dönem seçim bile yapıldı. Muhtemelen dünyanın ilk e-posta üzerinden yapılan seçimlerini yapmış olduk. Kaos Partisi, Yaramaz Çocuklar Partisi gibi fantazi partilerin pek 'makul' programlarla yarıştığı bir siyaset ortamı oluşturduk. Ah her zaman sultan kazanırdı bu arada. 14 maddelik sade ama yerden göğe kadar özgürlükçü bir anayasa da hazırladık.

Tabii ki 1995 yılında hazırlıklarına giriştiğim bu sanal ulus fantazisinin yapıldığı ortama sadece teknik basitlikle değil aynı zamanda muazzam bir güven duygusu da hakimdi. Düşünün "I kiss you" sayfasıyla ünlü olan "internet Mahir" in ortaya çıkmasına 4 yıl, facebook'un ortaya çıkışına henüz 8 yıl varken yola çıkmışız. İnternet zaten çok az kişinin erişiminde ve popülerleşmiş değil. İnternet bankacılığı da spam denilen şey de henüz yok. O dönemde bu fantazi projesine destek veren, katkı sunan ve keyif alan tüm arkadaşlara selam olsun.

Bu kitaba geri dönersek, köşe yazılarını derleme fikri nereden çıktı tam bilmiyorum. Herhalde gazeteci ağabey ve ablalara özendiğimdendir. Gerçi gazeteci olduğumu hiçbir zaman iddia etmedim. 1990'ların başında Ankara'da SiyahBeyaz ismiyle çıkan başarısız bir günlük gazetenin deneme safhasında kısa bir süre dünya servisinde muhabir olarak çalıştım o kadar.

2008 yılında kadim dostum Selami İnce gelip kulağımı burkup "İbo, neden bize yazı yazmıyorsun" diyene kadar da ne aklıma geldi ne de heves ettim köşe yazma işine. Selami, "Pazar yazısı yaz" deyince daha bir ürktüm. Yıllardır üç beş kişi dışında pek kimselerin okumadığı uzun akademik yazılar yazmaya alışmış birisi olarak nasıl pazar yazısı yazacaktım! Ayşe Arman mıyım ben? Öyle ite kaka köşe yazıları yazmaya başladım. Sanırım neredeyse 11 yıl sonra bugünden bakınca biraz biraz bu işi öğrendiğimi düşünüyorum ama öğrenmeye devam.

Bu arada merak edenler olabilir. BirGün piyasada çalışanlarına emeğinin hakkını en iyi veren gazete. Ben de bu sayede çok zengin oldum ama Marksizmden gelen tevazu geleneği nedeniyle çaktırmıyorum. Şaka bir yana BirGün gazetesinde yazmak yaşadığımız yüzyıl dönümünde bu gazetenin önemli bir 11 yılına şahitlik etmek ve katkıda bulunmak paha biçilmez bir onur. Eğrisiyle doğrusuyla bu alanı ayakta tutmak, zenginleştirmek ve geliştirmek konusunda verilen çabanın altını çizmek gerek. Bütün baskılara ve sıkıntılara karşın ayakta durmak önemli.

Freelonia'nın O'Halleri, BirGün Londra Yazıları bu yolda yazılmış haftalık yazılardan bir seçki. Bu seçkide yüzlerce yazı içerisinden Türkiye'de demokrasi, siyaset, seçimler ve özellikle sol siyasi partiler üzerine kaleme alınmış yazıları bir araya getirmeyi amaçladım. Yazılarımı takip edenlerin çok yabancılık çekmeyeceği "çakma" İngiliz hicvi dilime çok yerleştiği için bu derlemede de bolca karşınıza çıkacak.

Bu kitabı okuduktan sonra hayatınız değişmeyecek. Öyle mutluluğun sırrı, demokrasinin yolu, on günde kilo verme, beş taşla zengin olma ve benzeri kısa yollar da sunmuyorum. Okurken yer yer yüzünüzde bir iki gülümsemeye ve içinizde hafif bir öfkeye yol açabilirsem benim için amaç hasıl olmuş demektir.

Neden hemen her yazının sonunu "iyi pazarlar ve bol şanslar" veya "iyi haftalar ve bol şanslar" diyerek bağladığımı da açıklayayım. 2005 tarihli biyografik filmde ABD'li sunucu Edward Murrow haber programını her akşam "iyi geceler ve iyi şanslar" diyerek kapatıyordu. Filmi izlerken buna bayılmıştım. Bu temenninin 1950'lerin başındaki MacCarthy'ci baskı döneminde çok önemli olduğunu düşünüyorum. Bugün de farklı baskılar karşısında derdim hayatta istemediğimiz biçimde giden bunca çok şey varken şansın rolünü de hatırlamak. O yüzden şimdiden iyi okumalar ve bol şanslar.

BİRİNCİ BÖLÜM

SİYASET VE SEÇİMLER

Tersine Meşrutiyet

31 Aralık 2018

2018'de ne oldu sorusunun en kısa yanıtını herhalde demokrasinin cenaze töreni başladı şeklinde verebiliriz. İstisnalar dışında dünyanın hemen her yerinde hızlı bir otoriterleşme eğilimi var. Bir takım "liderler" sürekli kendilerini lider olarak görmeyenleri sindirmekle uğraşıyorlar. Arka planda ise bunların aileleri, eş dost, hısım ve akrabaları ve çete üyeleri ceplerini dolduruyor.

Bu "liderlerin" arada zırvalamaları dışında genel iyilik gibi konularla pek bir dertleri yok. Ortak paydaları, onlarca yıldır inşa edilmiş birtakım kurum, kural, niyet ve planları komplo ilan edip altını oymaya çalışmak. Bunlara göre küresel ısınma bir yalan, sağlıklı beslenme bir oyun, bilim ve bilgi Batı'nın laneti, sanat ve edebiyat gereksiz, dürüst ve ahlaklı yaşam ise hiç önemli değil.

Gazeteciler Amerika'dan Ortadoğu'ya ve oradan uzak Asya'ya her yerde tehdit altında. Bazı gazetelerin gazetecilikle alakaları olmadığı, kirli ilişkilerden beslenen dezenformasyon ve manipülasyon dışında bir dertleri olmadığı herkesin malumu.

Trump her fırsatta muhalif gazetecileri (yani gazetecilerin ezici çoğunluğunu) hemen her gün hedef alıyor. Henüz hapse tıkmış olmasa da niyetin o olduğunu tahmin etmek zor değil. Meraklısına not: Evet, niyet okuyorum. Meclis çoğunluğunu kaybetmiş ancak bütün demokratik kurumları pasifize etmeye çalışan bir Amerikan Başkanı dünyaya tehditler savuruyor.

İngiltere'de yalanlar üzerine kurulu bir referandum kampanyası sonucunda Avrupa Birliği'nden çıkma kararı alındı ve iki buçuk yılda bir arpa boyu yol alınmazken ortaya atılan planlardan kimse memnun değil. Buna karşılık daha fazla demokrasi yerine Başbakan Theresa May parlamentonun karar verme hakkını gasp etmeye çalışıyor.

Başbakan May, AB ile hazırladığı ve ülkedeki her türlü siyasî eğilim tarafından reddedilen AB'den çıkış anlaşması taslağını büyük oranda gizli tutmaya çalışmanın ardından meclis oylamasından kaçırmak için elinden geleni yaptı ve güvenoyu çağrıları eşliğinde yeni yıl tatiline çıktı. Takip edenler hatırlayacaktır, Muhafazakâr başbakan daha önce de parlamentonun taslak anlaşma üzerinde görüş bildirme ve oylama hakkını inkâr etmeye çabalamıştı.

Bu gazetenin okurlarının daha yakından tanıdığı Freelonia'da da işler çok farklı değil. Meclisi büyük oranda saf dışı bırakıp kendi atadığı komisyonlar ve emirler üzerinden ülkeyi istibdatla yöneten Sultan hırsından yerinde duramıyor.

Dünyanın pek çok yerinde krallıklar, imparatorluklar halk iktidarı ve demokratikleşme yolunda yıkıldı ya da evrildi. İngiltere'de 13. yüzyılda kurulan parlamento, Kral'ın iktidarını sınırlayan bir mekanizma olarak ortaya çıktı ve zaman içinde giderek gücünü artırdı. Son iki yıldır iktidarın meclisi pasifize etme çabaları kimin demokrasi düşmanı olduğunu gösterdi.

"Dünyada eşi benzeri olmayan muhtar demokrasisi ülkesi" bu süreci daha sert biçimde yaşıyor. Yaklaşık 150 yıl önce Sultan'ın iktidarını sınırlamak üzere kurulmuş olan Meclis-i Mebusan dünyada az görülen cinsten bir manevra ile kendi yetkilerini sınırlayıp hatta inkâr edip bütün erki Sultan'ın eline devretmiş durumda. Bir nevi tersine meşrutiyet hayata geçirilmiş. Tuvaletinin borusu tıkanan kiracıdan dersini geçemeyen öğrenciye kadar herkes hemen Sultan'ın kapısına dayanıyor. Olayın cilasını da yalakalar ve dalkavuklar atıyor. En ufak bir eleştiri kırıntısı tazminat ve hapis tehditleriyle susturulmaya çalışılıyor.

Otoriterleşen muktedirlerin elinde geçmiş yüzyıllara kıyasla çok daha güçlü araçlar var. İletişim teknolojileri ve tam kontrol altındaki basın bunun en belirgin örnekleri. Bu tarz otoriterleşmeleri tarihte gördük ve çözümlerini de bulduk. Bundan sonra da mutlaka bulacağız.

Mutlu yıllar ve bol şanslar.

Popülizm ve Millî İrade Yalanı

26 Kasım 2018

Son yıllarda popülizm mutemelen medyanın en sevdiği terimlerden biri oldu. Birkaç haftadır ben bile ısındım itiraf edeyim. Benim ısınmam biraz tersinden. Hem terimden hem de yol açtığı hasardan hazzetmiyorum.

Popülizmin sağı ve solu diye konuşsak da işin sol kısmı hem daha çok taze hem de biraz karışık. Karışıklığın nedeni solun, daha doğrusu sosyalist solun getirdiği sistem eleştirisinin zaten bir zümreyi sorumlu tutan ve bunların yozlaşmış ve yozlaşmamışından şikâyetçi bir eleştiri olması. Küresel veya ulusal krizler, batan bankalar veya şirketler ile bunları kurtaran "liberal" veya "muhafazakâr" veyahut da "demokrat" hükümetleri düşününce zaten bu popülizm, sağ popülizm ile önemli bir ayrışmaya denk düşüyor. Başka bir ifadeyle gerçekten dürüst bir muhalefete denk geliyor.

Bu tür sol popülizm, sağ popülizmden farklı olarak zaten köklü değişiklikler önererek geliyor. Bunun son örneklerinden biri de "birkaç kişi için değil, çoğunuz için" sloganıyla başarılı görünen Corbyn ve İngiliz İşçi Partisi; ama bugün derdim bu popülizm ile birlikte gelişen ve baskıcı ve otoriter yanları ağır basan "millî irade" ya da "halkın iradesi" eksenli söylemler.

Bu söylemleri Brexit krizine yol açan 2016 referandum kampanyasından bu yana çok duyuyoruz. Özellikle de ilginç bir biçimde parlamentodaki çoğunluk AB'de kalmaktan yana iken sandıktan yüzde 51,9 AB'den ayrılma kararı çıkınca bu "halkın iradesi" lafını çok duyar olduk.

İngiltere dışında da bunun bilumum örnekleri var. Türkiye'de de oldukça yaygın bir söylem. Hatırlayanlar vardır; AKP ilk iktidar olduğu yıllarda, hatta Refah Partisi koalisyon ortağı olduğu zaman "balkon" konuşmalarının en çok altı çizilen yanı "herkesi kucaklama" vurgularıydı. Bu kucaklama işinin pek de sanıldığı gibi bir kucaklama olmadığı ortaya çıktı ama "atı alan Üsküdar'ı geçti."

Şimdi Üsküdar'da da her yerde de plebisitçi bir (anti)demokratlık hakim. Bu demokrasi karşıtlığının dile en çok yansıyan ifadesi de "sandıktan çıkan sonuca saygı duyalım", "milletin iradesine saygı gösterelim" minvalinde konuşmalar. İngiltere de aynı hastalıktan aynı derecede olmasa da muzdarip.

Demokratlık, yüzde 51'den çok daha büyük bile olsa, çoğunluğun sultası demek değil. Herkesin kendini ifade edebilmesi ve kaygılanmadan yaşayabilmesi gerek. Bu ifade edebilme durumunun doğal uzantısı da tartışabilmek, uzlaşabilmek. Uzlaşma denilince de mutlaka taviz vermek gündeme geliyor. İşin iyi yanı ise şu: çoğunluğun kaybedeceği bir yerde uzlaşmak zorunda değiliz. Britanya'nın da Türkiye'nin de ve hatta dünyanın da sorunu kaynakların yetersizliği değil eşitsiz dağılması ve "bazılarının herkesten daha eşit olması."

Plebisitçi sözde demokratlığı abartacak olursak, şunu da düşünmek mümkün: Bir gün gelip bu yüzde 51 ile "AB'den çıkalım" diyenler ya da onların karşısındakilerin bir araya getirdiği yüzde 51, "bizimle aynı yönde oy kullanmayanları yok edelim" diye referandum kararı alırlarsa demokrasi budur mu diyeceğiz?

Editörlerimizden Barış İnce düzenli köşe yazılarına dönüş yazısında güzel bir konuya parmak bastı: İki yılda bir yapılan seçimlerle boş heves besleyip bunları meşrulaştıracak mıyız?

Popülizm yapmadan "popüler" siyaset mümkün. Gerçeği eğip bükmeden, sorunlara yalansız çözümler üretebilirsek işin çoğunu halletmiş oluruz diye düşünüyorum. Bunun için birinci öncelik de küresel, ulusal ve yerel düzeyde sadece ekonomik ve kalkınma eşitsizliklerinin değil siyasette temsil eşitsizliğinin de giderilmesi. İstanbul'da kimin belediye başkanı olacağı veya İngiltere'nin AB'den çıkış müzakerelerini kimin yürüteceği sorularının cevabı buradan geçmek zorunda. Aksi takdirde millî irade dediğiniz koca bir yalan.

İyi haftalar ve bol şanslar.

Demokrasiyi Engellemek

23 Nisan 2018

Hafta sonu su yüzüne çıkan yeni yasa cumhurbaşkanlığı ikinci tur adaylığına ilişkin bir dizi düzenleme getiriyormuş. Yüksek seçim kurulu da kararlar almış. Belli ki kararların ve düzenlemenin temel kaygısı birisini koltuktan koparmamak. Yüz bin imza, aşırı süre sınırlamaları, 135.000 lira adaylık harcı… Bu düzenlemeler, geçen hafta sosyal medyayı kasıp kavuran erken seçim esprilerinin çok da espri olmayabileceğini düşündürüyor.

Bütün bu manevraların arasında yeni olmayan ve Türkiye'ye de özgü olmayan bir kurala dikkatli bakmak gerek. Adaylık harcı. 135.000 lira!

Türkiye'nin kişi başına düşen millî geliri TL üzerinden ve kabaca aylık olarak hesaplanırsa 3.000 TL eder. Net asgarî ücret de 1.603 TL. Ortalama gelir üzerinde düşünerek milyonlarca insanın asgarî ücret dolayında geliri olduğunu varsayabiliriz.

Bu ücretle bir vatandaşın hatta hali vakti yerinde bir vatandaşın cumhurbaşkanlığına aday olma ihtimali sizce nedir? Bir de unutmayalım 135.000 liracık sadece harç, seçim kampanyası masrafları ve işinden gücünden geri kalmanın maliyeti buna dahil değil.

"Kendine güveniyorsa evini satsın aday olsun" diye düşünenler olabilir. Ancak Türkiye'de kendi evinde oturan, ev sahibi olanların oranı sadece yüzde 60! Yüzde 40'ın satacak bir evi de yok. Bunun içine bankaya olan ev kredisi borçlarını dahil edersek oturduğu eve sahip olduğunu sananların sayısı da hızla artacaktır.

Bunca bariyer varken "demokratik bir şekilde seçilmiş" Meclis cidden kimi temsil ediyor? Nüfusun en az yarısı, yani kırk milyondan fazla vatandaş için kendilerine en yakın seçilmiş temsilci ile aralarında en az 135.000 TL mesafe var!

Adaylık ücret ve harçları milletvekili adaylığı için de benzer durumda. Partiler sırf aday adaylığı için fahiş ücretler alıyorlar. Vekil aday adaylığı ücretlerini MHP 2.500 TL, AKP 5.000 TL, CHP 7.500 TL olarak belirlemiş. Yine bu ücretlere kampanya masrafları, harcanan zaman ve gelir kaybı gibi maliyetler dahil değil. Bir de bunların sadece aday adaylığı için olduğunu unutmayalım. Asıl maliyet aday olduktan sonra ortaya çıkacak.

Bu sadece Türkiye'ye özgü bir durum da değil maalesef. Yoksul ülkelerde genelde adaylık ücretleri çok yüksek. Örneğin kişi başına gelirin aylık 80 dolar civarında olduğu Malawi'de adaylık harcı 250 dolar. Sierra Leone'de ise başkan adaylığı harç ücreti 12.000 dolar! Aylık 40 dolar ortalama millî geliri olan bir ülke Sierra Leone.

İngiltere'de Spectator dergisi tarafından yapılan bir hesaplamaya göre milletvekili adayı olmanın ortalama maliyeti kabaca 180.000 TL olarak hesaplanmış. Burada hesaba katılan daha çok seçilmek için yapılan masraflar ve ilgili maliyetler. Adaylık harcı değil, depozit ücreti ise genellikle 3.000 TL gibi cüzi bir meblağ. Cüzi derken İngiltere için, yani ortalama kişi başına düşen millî gelirin 12.000 lira düzeyinde ve asgari ücretin 6.000 TL'nin üzerinde olduğu bir ortamı kastediyorum. Yine de bu toplam maliyet, demokrasinin işleyemez olmasına yol açıyor. Meclis'in kompozisyonuna bakarsanız bunu görmek daha kolay. Meclis'teki vekillerin yüzde 25'i işadamı veya işkadını, üçte bir kadarı meslek sahipleri, geri kalanların çoğu profesyonel politikacı ve sadece yüzde 4'ü işçi sınıfı (işçi, tezgâhtar, sekreter, vs.) kökenli.

Şimdi kendi bölgenizdeki, ilinizdeki vekillerin mesleklerine bakın ve sizin için bu demokratik temsiliyetin nerede seyrettiğini düşünün. Aday olacaksanız da bir AKP vekilinin tavsiye ettiği gibi beyaz çorap giymeyin, çok fakir değil ama fakir görünün ve İzmir'deyseniz gevrek, başka şehirlerde ise simit yemeyi unutmayın.

İyi haftalar ve bol şanslar.

Freelonya'ya Başk(An)Ayasa

16 Ocak 2017

Eğri oturup doğru konuşalım. Freelonya'da işler yolunda değil. Ekonomi patladı patlayacak. Sanki biz yıllarca yalvarıp ülkeye getirmemişiz gibi döviz ve yabancı yatırım lobileri döviz silahlarıyla üzerimize çullanıyorlar ve adeta darbe yapıyorlar. Ana muhalefet lideri darbeyi siz yaptınız manasına da çekilebilir şekilde "biliyordunuz" diyor. Freelonya meclisinde yeni anayasa tartışılırken vekiller birbirini ısırıyor ve böylece ülkeye istikrar geliyor.

Ortada bir tiyatro dönüyor ve 300 dolayında dalkavuk da kenarda durup buna alkış tutuyor, yalakalık yapıyor. Bunların her birinin bugün yere göğe sığdıramadıkları her konu aleyhine bir ton laf etmişliği vardır. Ama bizi yormayın şimdi; bunların çetelesini de herhalde bir cemaat detaylı bir biçimde tutmuştur.

Anayasa değişikliği paketi, eskiden "bilgi kirliliği" şimdilerde "post-gerçek" dediğimiz, ama güzel Türkçemizle sadece "yalan" dememiz gereken bir eksende görüşülüyor. 300 dalkavuk göstere göstere oy veriyor. Bunların milletvekili olduğunu söylemek çok zor. Çünkü oy verdikleri ve değiştirdikleri yasa kendi varlıklarına aykırı.

Bu yalan çağında başkanlık istikrar getirir, başkanlık olmazsa facia olur veya üzerimize döviz silahıyla geliyorlar gibi saçmalıklar sadece insan zekâsına hakaret. Bu yeniliklerle ABD ve Fransa ile demokrasimizi eşitleyeceğiz gibi iddialar ise komik bile değil.

Acı olan Meclis'te siyaset bilimi okumuş bir sürü zevat varken başkan partisinin tek ses halinde bu önerileri desteklemesi. Önerilerin bir kısmı, ya da çok az kısmı, kimsenin itiraz edeceği şeyler değil. Örneğin seçilme yaşının 18 olması. Gençlerin siyasete girmesi önemli, gerekli ve hakkaniyetli.

Vekil sayısının 600'e çıkarılması da kendi başına fena bir fikir değil. Sonuçta bir ülkenin nüfusu 60 milyondan 83 milyona çıkmışken 750 vekil de olabilir. Hatta Suriyelilerin de temsilini sağlamak için, ülkedeki mülteci nüfusuna oranlı 20-30 tane misafir vekil de seçilebilir. Göçmen uyumu açısından muazzam bir örnek adım atılmış olur.

Vekillik süresini artırmak da kabul edilebilir; zaten eskiden beş yıldı, dörde indirilmişti diyebilirsiniz.

Var olan anayasada gereksiz yere birlikte kullanılan olağanüstü hal ve sıkıyönetim gibi kelimelerin elenmesine de itiraz edilmez. Yargının bağımsızlığının yanına tarafsızlığın konulmasına da, gereksiz olmakla birlikte, çok itiraz edilmeyebilir.

Ama bunun ötesindeki değişikliklerin demokrasiyle uzaktan yakından bir alakası olduğunu söyleyemeyiz. Önerilen, Meclis içinden seçilen başbakan ve bakanlar kurulunun yerine "cumhurbaşkanı" adı verilen süper yetkilerle donatılmış bir kişiyi getirmek.

Benim naçiz kanaatim muhalefetin yukarıda bahsettiğim basit maddeleri Meclis'te kabul etmesi yönünde. Bu sayede referandumun asıl konu olan diktatörlük ile parlamenter demokrasi arasında bir tercih yapılmasına odaklanması sağlanmış olurdu.

Meclis'teki dalkavuklara bakmaksızın, seçmenlerin diktatörlük mü demokrasi mi istediğini referandumda göreceğiz.

Referandumda bu değişiklikler geçmezse ne olacak sorusunun ise yanıtı henüz belli değil. İktidar partisinin ve yancı grubun bundan sonra tavrını değiştirip Meclis'i feshetmesini beklemiyoruz. Sonuçta burası Japonya değil ki bakanlar birer birer harakiri yapsın.

Asıl tehlike hırslı ve kaprisli adamın o hal bu hal diyerek bu işi uzattıkça uzatması. Erken seçim ne zaman yapılırdan ziyade genel seçimler ertelenebilir mi sorusu daha önemli. Çünkü var olan Freelonya anayasası, savaş halinde iken sultana zaten sınırsız yetkiler tanıyor. Freelonya'nın ordularının komşu ülkelere girdiğini ve kısaca LEŞ denilen "dindar teröristlerle" savaştığını dikkate alırsak her şey bir anda boyut değiştirebilir. Ey Freelonyalılar, siz parlamenter demokrasinize sahip çıkmazsanız, birileri döviz silahlarıyla gelir elinizden alır. Doları bozdurup berbere kavgaya gitmeyin, vekillerinize sahip çıkın, gerektiğinde kulağını çekin ve hatta "ısırın."

Bu yazıdaki kişi ve kurumların gerçekle alakası yoktur, ısırın gibi öneriler ise metafor olarak kullanılmıştır; evde tek başınızayken denemeyin.

İyi haftalar ve bol şanslar.

Sağ, Sol ve Seçim

7 Mayıs 2018

Türkiye yine bir seçim arifesinde ve hemen hemen tüm adaylar belli. Yapısal değişiklikler nedeniyle milletvekili seçimi il genel meclisi seçimi mertebesine düşürülmüş durumda olduğundan öne çıkan mutlak devlet başkanını seçmek.

Adaylar netleşirken sağ sol ayrımının da biraz bulanıklaştığı düşünülebilir. Ancak adayların geçmişlerini çok karıştırmadan bugün dediklerine bakarsak seçim parlamentoya geri dönüş veya saray yönetimi arasında olacağa benziyor. Bunların ikisinin de kategorik olarak birbirinden çok farklı olması gerekmiyor bu arada. Ayrıca seçimi muhalefetten birinin kazanması durumunda da ne olacağından emin olmak zor. Çünkü saray süper yetkilerle donatılmış durumda ve ortam her türlü istismara açık. Yani esprili yaygın isimlerle konuşursak "abla"ya da "abi" o koltuğa oturunca ne olur bilinemez. "Yakışıklı" iddialı konuşsa da o koltuğa en uzak aday.

Adil seçimlerin garantisi de olmadığından ve zaten bu yönde genel bir kanaatin de varlığından dolayı seçim sonuçları kaybeden taraf tarafından mutlaka şaibeli ilan edilecektir.

İttifaklar meselesi koltuğunu bırakmak istemeyen adamların kaygılarından kaynaklanmış olsa da ağırlaşarak devam eden temsiliyet sorununu bir nebze azaltabilecek bir sonuç vermiş görünüyor. Ortalıkta bir taraf olarak görünen ve sayıca dikkate alınabilecek grupların hepsi iki ittifak üzerinden Meclis'e girecek. HDP hem demografik olarak hem de yakın geçmişteki sonuçlar itibarıyla bu kez baraj sorunu yaşamayacak gibi görünüyor.

Sadece sosyalist partilerin bu yeni denklemde -HDP ile birlikte çalışmak dışında- var olan sistem içinde barajlı barajsız seçilme ihtimalleri yok gibi ya da bu ihtimal büyücek partilerin insafına kalmış durumda. Perinçek'in partisinin kamuoyu etkisi, seçmen desteğinden daha büyük olduğu ve hiç kimse bu partinin yanına yanaşmadığı için bu yeni temsiliyet dağılımının dışında kalacak.

AKP'nin "yetmez ama evet" dönemlerinde fazlaca vurgu yapılan demokratik kaygılar son yıllarda yerini otoriter ve plebisiter bir yaklaşıma bırakmış durumda. Bu yaklaşım "ben bir fazla oy aldıysam sana yaşam alanı tanımam" yaklaşımı. Haziran seçimleri bu anlamda da plebisiterler ve temsili demokrasiciler arasında bir seçimi işaret ediyor.

Plebisiterlerin kim olduğunu biliyorsunuz. Kendileri dışında, hatta bazen kendileri içinde de, herkese hain diyen partiler. Diğerleri ise şimdilik birbirlerine jestler yapan, ispatını ancak iş üzerinde görebileceğimiz muhalefet partileri. Bu arada en çok jesti CHP yapmış görünüyor. Diğer ortaklar o kadar sıcak değil gibi.

HDP'nin ittifaklar dışı kalması hem iyi hem kötü. Açıkça sol sosyalist bir parti konumuna evrilme şansı var ama bu daha ziyade teorik bir olasılık. Büyük ihtimal HDP'nin oyu Kürtler, sosyalistler ve millî ve yerli ve dinî vurgulardan rahatsız olan azınlık merkez sol seçmenlerden gelecek.

CHP'nin önünü açtığı ittifaka girmemiş olsa da seçim matematiği ve oyların coğrafi dağılımı itibarıyla HDP'nin ittifaktan fayda göreceği söylenebilir. Kürt seçmenin yoğun olduğu illerde şimdiye kadar yarışın modernleşmeci ve Sünni muhafazakârlık arasında geçtiği ve CHP'nin buralarda oy potansiyelinin pek olmadığı söylenebilir. Sünni muhafazakârlık çizgisinin ikiye hatta üçe bölündüğü ortamda HDP'nin en azından Kürt seçmenin çoğunluk olduğu yerlerde daha çok milletvekilliği kazanması mümkün. Sonuçta İP ve SP'nin AKP oylarını alacağı ortada.

İkinci turda kim kime oy verir ve HDP dahil beş muhalefet partisinin kapalı kapılar ardında ne konuşup ne üzerine anlaştığını bilemeyiz ama ibre CHP ya da İP adayının ikinci turda muhalif seçmenin önüne çıkacağını gösteriyor. Sonuç sandığa giren oyların nasıl sayıldığı değil de kime verildiğine göre belirlenirse bu seçimin şu an itibarıyla belirleyici partisi HDP'dir. Çünkü geçmiş seçim sonuçları da anketler de Saray grubunun yüzde 40, muhalefet grubunun yüzde 45 dolayında olduğunu işaret ediyor. Dolayısıyla da bu denklemi HDP'nin vereceği ikinci tur kararı çözecek. Tabii bu kedileri trafolardan uzak tutabildiğiniz durumda geçerli.

İyi haftalar ve bol şanslar.

Haziran Seçimlerinde Ne Olmaz?

28 Mayıs 2018

Son beş yılda Türkiye seçimle yattı, seçimle kalktı. 24 Haziran milletvekili seçimleri ve büyük ihtimal temmuza uzayacak cumhurbaşkanlığı seçimleri öncesinde partiler "algı operasyonu" peşindeyken pek çok sıkılmış insanın da umutlu olduğunu görüyorum. Umutlu olmak güzel bir şey ama fazlası fena hayal kırıklığı yaratır. O yüzden üstüme alındım ve tersinden düşünerek bu seçimlerde ne olmaz diye düşündüm.

Önce neler olabilir onu sıralayayım.

Birincisi, Saray aynı erkânla yoluna devam edebilir.

Muharrem İnce adaylığı ile uzun süredir bocalayan merkez sol biraz umutlanıp oylarını Kılıçdaroğlu'nun yüzde 25'inin az üzerine çıkarabilir.

Kürtler bundan sonra seçim barajı derdi yaşamayacaklarına ikna olabilirler ki bu büyük ihtimal.

Merkez sağ 1980'ler ve 1990'lardaki gibi iki ana partili yapıya geri dönebilir ki bu iktidarın yumuşak el değiştirmesi anlamına gelebilir.

Devlet'in partisi baraj altında anlamsız bir partiye dönüşebilir ki bu da büyük ihtimal.

Yeniden bir "kadın" başbakan dönemi gelebilir.

Perinçek seçimlerden sonra zaferini ilan edebilir ki bunun alınan oylarla mantıksal bir ilişkisi olması gerekli değildir.

Bunun ötesinde ise hayal görmemek gerek. Seçimlerde genelde kandırılanlar vardır ve kandıranlar vardır ve kandırılanlar ikide bir kandırıldık diyenler değildir. Kandıranlar profesyonelce ve ellerindeki engin imkânlarla bu işi yaparlar ve sonuç da alırlar. Ancak kandırma-kandırılma seçim sonuçlarını o kadar etkilemez. Yani partinize "baş örtülü bacı" almak da "bozkurttan hacı" almak da o kadar önemli değildir.

Dünya genelinde de Türkiye'de de bazen "kemik oy" denilen bir mevhum vardır. Buna daha genel kapsamda "kabile oyu" da diyebilirsiniz. Bazı seçmen davranışı çalışmaları insanların ilk gençlik döneminde arkadaş seçer gibi siyasi parti seçtiğini ve bunu kolay kolay değiştirmediğini gösteriyor. Aynı şekilde insanlar büyük oranda dedelerinin, babalarının partilerine oy veriyorlar.

Partilerin politikaları özellikle Kuzey ve Batı Avrupa ülkelerinde seçmenlerin önemli ölçüde taraf değiştirdiğini gösterse de bu çok yaygın bir durum değil. Özellikle sağ sol bloklar arasında seçmen geçişi çok sınırlıdır. Yunanistan, İspanya ve İtalya'da görülen "yeni hareketler" bu sağ ve sol bloklarını çok fazla hırpalamazlar.

Türkiye'de sağ blok yaklaşık yüzde 65, sol blok ise yüzde 35 dolayındadır. Bu iki blok arasında yüzde beş kadar geçiş ya var ya yoktur. Bunun istisnası 1990'lardan bu yana ortaya çıkan Kürt partileri ve Kürt seçmen tercihleridir. Ulusalcı bir "kurtuluş" stratejisi etkisinde genelde "ilerici" partilere eğilim yüksektir. Çatışmanın olmadığı şartlarda modernist ilerici partilerin geleneksel etnik seçmen arasında yüzde 25'lerin üzerine çıkması çok zordur. Ancak var olan durumda HDP'nin demografik avantaj nedeniyle baraj sorunu olmayacağını tahmin ediyorum. Genç nüfusun genele oranla kalabalık olduğu Kürt seçmenin toplam seçmen arasındaki oranı yaklaşık iki puan yükselmiş ve Kürt partileri için yüzde 10 barajının anlamını yitirmiştir. İkinci tura kalması neredeyse kesin Muharrem İnce, söylemleri itibarıyla Kürt seçmenin bir kısmını mutlaka etkileyecektir.

Türkiye'de seçim sonuçlarına haritalar üzerinden bakarsak sağ ve sol blokların üç aşağı beş yukarı 1950'lerden bu yana aynı yerlerden yoğun destek gördüğü ortadadır. İç göçle İstanbul, İzmir, Ankara gibi büyük şehirlere yerleşenler de buralarda yoğunlaştıkları ilçeler itibarıyla aynı seçim tercihlerini büyük oranda devam ettiriyorlar.

Bunun anlamı şudur; CHP ne kadar söylemini genişletse de uzun yıllardır oturmuş olan algıları bir seçimde kırma ihtimali düşüktür. Maalesef daha kaliteli program ve daha kaliteli adaylar da bu algıları kırmak yerine perçinleyebilir ve "zayıf" olana sahiplenmeyi artırabilir. Sonuçta iktidarın sınırsız bir mağdur edebiyatı gücü olduğunu biliyoruz.

Bu durumda muhtemel geçişler ülkücülerden ve AKP'lilerden İyi Parti'ye doğru ve AKP'lilerden Saadet Partisi'ne doğru olacaktır. İnce ile geleneksel seçmeninin gönlünü alan CHP'den İyi Parti veya HDP'ye yönelim bu seçimde yok denecek kadar az olacaktır.

Son olarak bu seçimin kaderinin AKP'li seçmenin vicdan muhasebesine bağlı olduğunu düşünüyorum. Lider sevdası ne kadar güçlü olursa olsun, çok yakın bir zamana kadar birlikte oturup kalktıkları, namaz kıldıkları insanların yüzbinlerle mağdur edilmesi, güçlü olanlar parti ve bürokraside otururken işçi, memur, köylü tayfasının yok edilmeye çalışılması adalet duygusunu zedelemiştir. Bunun yanında ekonomi kötü giderken ve genel nüfus fakirleşirken parti bürokrasisinin zenginleşmesi vicdanları zorlayacaktır. AKP son dakikada açıkladığı şantajcı bonkör vaatlerine rağmen beklediği tokadı bu seçimde yiyebilir.

İyi haftalar ve bol şanslar.

Demokrasi Meselesi

26 Mayıs 2015

Seçimlere az bir zaman kaldı. Yurt dışında ve sınır kapılarında epey oy kullanıldı bile. CHP ve HDP arasında ve daha küçük sol gruplar arasında alttan alta bir çekişme ve gerilim söz konusu. Bu zaman zaman sert suçlamalara da varabiliyor.

HDP'nin sadece BDP ve sosyalistlerin oyuyla barajı aşması mümkün degil. Geçmiş seçimlerde Erdoğan'ı desteklemiş Kürt seçmenin bir kısmını da ikna etmesi gerekiyor. Ancak CHP'ye oy veren bir kesimi ikna etmesi daha olası görünüyor.

Bu noktada seçmenin önüne konan seçenek korku siyasetinin bir örneği. Mesaj kabaca "bizlere oy vermezseniz AKP'yi durduramazsınız" ekseninde. Korku siyasetinin kazandırdığını geçtiğimiz haftalarda İngiltere'de gördük. Ancak küçük partiler için durum farklı.

Detaylı parti ve seçim programlarının maalesef seçimleri belirleyici olduğunu söylemek zor. Dolayısıyla birkaç slogan ile özetlenebilir kazanma formülleri öne çıkıyor. Bu noktada "vermezseniz tufan" sloganı problemli.

Türkiye'nin bir dizi sorunu arasında Kürt meselesi ve temsiliyet meselesi, liberal ve demokratların oyunu isterken asıl vurgu olmak zorunda. Seçim barajı bir temsiliyet sorunu olarak AKP'nin değil, 12 Eylül'ün icadı. HDP'nin barajı aşıp aşmamasından bağımsız olarak iktidar partisinin tek başına iktidar olması bu kez zor görünüyor. Dolayısıyla demokratik temsiliyet için oy vermek ile AKP'yi durdurmak için oy vermek aynı şey olmayabilir. Tanıdığım birçok insan için birincisi, yani temsiliyet daha can alıcı bir mesele ve tercihlerini bu yönde yapacaklar.

Türkiye'nin acil çözüm bekleyen bir buçuk meselesi var: Kürt sorunu ve demokratik temsiliyet. Kronolojik bir tesadüf olmasa da bu iki sorunun çözümü için muhataplar aynı. Muhatapların Meclis'te olması da önemli.

Naçizane fikrim; sizden oy isteyenlerin kim olduğuna çok takılmadan, oyunuzu demokrasi ve temsiliyet için verin.

"Durun Siz Kardeşsiniz"den Bir Adım Ötesi

23 Ağustos 2015

Türkiye 7 Haziran seçimleri öncesine göre siyasi olarak bambaşka bir ülkeye dönüştü. Yükselen savaş bloku karşısında güçlü bir barış çağrısına ihtiyaç var.

Seçimden sonra tahmin edilen gerilimler ve hukuk dışılıkların hemen hepsi hayat buldu ve maalesef iki aylık süreçte iç savaş denilebilecek bir duruma gelindi. Şimdi ne olacak? Türkiye'nin siyasi kavimlerinin nüfuslarında büyük bir değişim olmadığına göre, yeni bir seçimde, benzer bir tablonun oluşması pek muhtemel.

Görünen o ki, oyunu konjonktür ve politika önerileri ışığında belirleyen seçmenlerin oranı yüzde 5 dolayında. Bunun ötesinde seçmen kaymaları mevcut siyasi yelpaze içinde çok olası görünmüyor.

Bu durumda, eldeki imkânlarla ne yapılabilir, onu düşünmek gerek. Siyaset yapmanın birçok tarzı ve türü var. Burada baktığımız ise parlamenter ve seçimlere dayalı, kapsayıcı ve anaakım partilerle yapılabilecekler üzerine.

Öncelikle şunu unutmamak lazım, toplumsal dönüşüm siyasi olarak hedeflenebilir; ancak bu hem çok değişkenli hem de kolay tahmin edilemeyen bir süreçtir. Yani insanları radikal biçimde dönüştürecek siyasi hareketler dört yıllık ya da dört aylık seçim aralıklarıyla mümkün değil. Dolayısıyla, seçim aralıklarına endeksli siyaset de, haliyle standart pazarlama stratejileri ile yürüyor. Özetle müşteri (seçmen) ne istiyorsa onu sunacaksınız.

Yani hem kadro partisi olacağım ve kitleleri dönüştüreceğim, hem de kitle partisi olacağım demek hayalperestlik. Kitle partisi olan partiler, genelde kitlenin genel karakterlerini taşıyan ve onları dillendiren söylemlerle ortaya çıkıyor ve iktidar oluyorlar. Hırsızları temsil edecek bir parti kuruyorsanız ve hırsızların oyuna talipseniz, seçim propagandanızı polise teslim olmak üzerine kuramazsınız.

İkincisi, Türkiye'de öyle çok bilinmeyenli bir seçmen nüfusu yok. Şifreleri gayet açık bir seçmen kitlesinden bahsediyoruz. İşte nüfusunun ekseriyeti Müslüman olan, etnik olarak sayıca az olanların siyasette de yetersiz temsil edildiği, muhafazakârlığın ve milliyetçiliğin pek çok yerde ağır bastığı bir ülke. Dolayısıyla %40 ve üzeri oy alıp bu ülkenin tamamını yöneteceğim iddiasında olan partilerin, bu çoğunluğu hesaba katmaktan başka çareleri yok.

Seçimi hakkıyla kazanmak için kabaca biraz dindar, biraz Sünni, biraz Alevi, biraz Kürt, daha az Zaza, daha az Ermeni, biraz Arap, biraz muhacir, çok az ateist, erkek ama bir o kadar kadın olmanız gerek. Bütün bunları bir arada tutmak için de uzlaşmacı olmanız şart. Seçmen çatışma çıkaranları genel olarak sevmez.

Kırk beş günlük fantastik keşiflerin ardından, koalisyon senaryolarından anlaşılan, bu kafayla bir arpa boyu yol gidilemeyeceği. Değişim için, iktidar partisinin bölünmesi, "gülün gelip", "gülün verilmesi"1 ve benzeri çok da anlamlı olmayan pek çok gülünçlük akla gelirken, bir başka "güllü" çözüm göz ardı edilmiş gibi. Onu da ben söyleyeyim. 1980'lerin sonunda SODEP ve HEP'in vakti zamanında paylaştığı "gül" çözümün anahtarı olabilir. Buna "güllerin kardeşliği" de denebilir.

Daha önce yazmıştım, "durun siz kardeşsiniz" diye, BDP ve CHP arasındaki Sosyalist Enternasyonal'den kaynaklı bağı işaret ederek. Bunun tabanda bir karşılığı olduğunu 7 Haziran seçimlerinde gördük. Batıda HDP'ye oy verenlerin yaklaşık üçte birinin, geçmiş seçimlerde CHP'ye oy vermiş seçmenler olduğunu çeşitli kamuoyu yoklamaları da gösterdi.

Koalisyon müsameresi sırasında, "halk" partisinin iktidar partisi ile 40 saat görüşürken "halkların" partisi ile sadece iki saat görüşmesi talihsizlik olsa da bu görüşmenin sembolik bir değeri var. Bunun daha sık ve daha çok yapılmasında da fayda var. Bugün, bölgenin de Türkiye'nin de en çok ihtiyacı olan, barışa sahip çıkan ve milliyetçi çılgınlıkları reddeden bir blokun ortaya çıkmasıdır. Bunu da belli ki iktidar partisi ve onun milliyetçi yoldaşı yapmayacak.

Seçim ittifakı, ortak parti ve benzeri olasılıklar düşünülebilir ancak bu savaş çılgınlığından çıkış için, içinde C-H-D-P harflerinin de olduğu ve tüm diğer barış isteyen kesimlerin buluştuğu bir alternatif mümkün. Alternatif oluştururken kadınların gücünü unutmamalı. İster inanın ister inanmayın barışı en çok kadınlar istiyor.

---

[1] Bu ifadelerle, o dönemde sıkça Abdullah Gül etrafında dönen koalisyon tartışmaları kastedilmektedir.

Böyle bir blokun hem ülkede hem bölgede barışı vurgulayan ve hem de ülkenin etnik ve dinî gruplarını temsil eden bir alternatif oluşturması mümkün. Özellikle bu iki partinin de milliyetçilikten uzak durup toplumsal refah, adalet ve barış odaklı bir programla son seçimde aldıkları oyların toplamını artırma olanağı var. Bu eksende, şeffaf ve samimi bir çözüm süreci de olası. Ama ilk yapılması gereken, "gül" kapılarının ardına dek açılması. Kimsenin "bize kim, hangi koalisyon hükümetini, hangi bakanlıkları bağışlayacak" diye bekleme lüksü yok.

"Tarih 2002'de başlamış" yanılgısından sıyrılıp 1970'lerden itibaren CHP içinde yer almış Kürt siyasetçiler, doğu mitingleri, Meclis'te Kürtçe yemin ile sona eren seçim ittifakı, ondan önce gelen çeşitli Kürt raporlarına dair hafızaları tazeleme zamanı çoktan gelmiş durumda. Vakit, sandıklardan, eski kitapların sayfaları arasından unutulmaya yüz tutmuş gül yapraklarını gün yüzüne çıkarma vaktidir.

İyi pazarlar ve bol şanslar.

Kadınlar Partisi

19 Ağustos 2013

Bu aralar eminim en çok duyduğunuz geyiklerden biri Mustafa Sarıgül'ün şampiyonluğu, pardon CHP'den İstanbul belediye başkanı olmasıdır. Böylece şampiyon olurlar mı bilemem. İstanbul'da uzunca bir süre gönüllerin şampiyonu Çarşı olacak o kesin. Ama bence doğrusu Bülent Ersoy başbakan ve kızlar partisi şampiyon olsun!

Efendim, nasıl mı? Anlatayım. Bizim üstad İlyas Başsoy kadar isabetli olamayabilirim; baştan söyleyeyim. Ama beni bu köşede yazmaya davet eden ve beş yıldır da pek ses çıkarmayan editör arkadaşların affına sığınarak uçabilirim. En nihayetinde siyaset yapmıyoruz, pazar yazısı yazıyoruz değil mi ama?

Öncelikle biraz düz mantık ve biraz basit dört işlem gerekiyor. Efendim Türkiye nüfusunun yüzde 49,8'i kadınlardan oluşuyor. Yani AKP'ye oy verenlerden çok daha fazlası. Meclis'te ise toplam 78 kadın milletvekili var. Kadın milletvekili oranı AKP'de %12, CHP'de %14, BDP'de ise %40 civarında. Yani her partide ve genel olarak siyasette kadınların temsil oranı ve de dolayısıyla imkânı çok düşük.

Şimdi CHP gibi bir partim olsa bütün seçim stratejimi kadınların gönlünü ve desteğini almak üzerine kurardım.

Bunun birkaç nedeni var. Öncelikle doğru olan ve gereken bu olduğu için. Yani kadınların bir partisi olsa iyi olurdu. İkincisi kaybedecek ne var? Sonuçta CHP kabaca 60 yıldır iktidar olamamış. İşte son yılların en başarılı lideri Kılıçdaroğlu 138 milletvekilliği kazanmış. Yani iktidar olma ihtimaline bile yaklaşamamış. Velev ki bundan daha az milletvekili çıkarsa ne olur? Yanıt: Hiçbir şey ya da az bir şey.

O halde %33 kadın kotasını falan bir kenara bıraksak ve desek ki gelin %100 kadın kotası olsun. Yani hayatta bir kez de bir partiden sırf kadınlar aday olsun. Hem milletvekilliğine hem de yerel seçimlerde CHP tüm adaylarını kadınlardan seçse ne kaybeder?

Türkiye'de kadın istihdamı düşük olduğu için ve her şeye rağmen gizli oy sistemi geçerli olduğu için bir kere kadınlar oy verirken erkeklere göre daha özgürdürler. AKP'ye oy verdim deyip de başka partiye oy verseler, iktidardan ve çetelerinden nemalanmayı uman ya da korkan kocaları, babaları ve ağabeyleri herhalde hafiye kesilip bulacak değiller. Ama bunu yapabilecek parti Türkiye'de ufaktan bir devrim yapmış ve zafer kazanmış olur. Velev ki 138 değil de 100 vekil kazansın ve 523 değil de 400 belediye başkanlığı alsın. İlk defa kadınlar bu kadar yoğun olarak siyasette söz alacaklar ve büyük ihtimal de çok şeyin akışını değiştirecekler.

Bunun yanında parti tarihe geçecek, rekorlar kitabına girecek, ama daha önemlisi benim kadınlara güvenim tamdır. Onlar o maço adamları insan etmeyi de ikna etmeyi de bilirler. Kimbilir belki bambaşka bir dünya oradan kurulmaya başlar.

Eyvallah itiraf ediyorum, bu fantaziler bir rakı sofrasında memleketten uzakta memleket kurtarırken düzülmüştür, ama rakıyı millî içki yapan da budur zaten. Memleketin ona, onun memlekete ihtiyacı var. Kadınlar partisine ve şampiyon başbakanın şerefine!

İyi pazarlar ve bol şanslar.

Seçimler ve Futbol: 11 Gerçek

13 Nisan 2014

Türkiye'de seçimler üzerine yazmak, futbol üzerine yazmak gibi bir şey oldu. Şöyle ki bilumum şike faaliyetini biliyorsunuz. Çeşit çeşit hileli durum da var. Bunu tespit de etmişsiniz. Uluslararası kuruluşlar da en azından sizi ayıplamışlar, ancak siz yine de umursamıyor ve oyuna devam ediyorsunuz.

Seçimleri bu ahval ve şerait içinde AKP kazandı, CHP oyunu artırdı, BDP umduğunu bulamadı ve MHP de oyunu artırdı. Ayrıca TKP'li belediyeniz oldu, komünist başkan çok yaşa.

İleri demokrasinin doruklarında gerçekleşen seçimlerde ve seçim sonrası yaşananlarda unutulmaması gereken yanlar var. Bu yazıya başlarken amacım da bunları not etmek idi. Burada yorum yapmak istemiyorum sadece gerçek verilerle ilgili birkaç not paylaşıyorum.

1. Seçimden önce basına ve iletişim özgürlüğüne müdahaleler oldu. Hükümet başkanın emri ile Twitter ve YouTube kapatıldı. Bu yasak, oy sayımlarının ve yeniden sayımlarının bitimine kadar da kaldırılmadı.

2. 1980'lerden bu yana çok ender elektrik kesintisi olan Türkiye'de oy sayımının yapıldığı gece 40'tan fazla ilde elektrikler kesildi. Bu, özellikle sayım yapılan bina ve bölgeleri etkiledi. Enerji Bakanlığı, bu olayı trafolara kedi girdi diye açıkladı.

3. On binlerce gönüllü ve partili sandık müşahitliği yaparak oy sayımı ve yeniden oy sayımı sırasında nöbet tutarak oylarını korumaya çalıştı. Günlerce seçim kurulları önünde kuyruklar ve nümayişler oldu.

4. Kısa Türk demokrasi tarihinin sonuçlarına en çok itiraz edilen seçimi yaşandı.

5. İstanbul'da seçmenler Sarıgül ile Erdoğan arasında bir tercih yaptılar ama Topbaş belediye başkanı seçildi. Çılgın projelerden bahsedilmedi ve daha makul vaatler konuşuldu. Gezi'nin kahramanı Sırrı Süreyya kendisi için oy kullanamadı.

6. Ağrı'da BDP'nin kazandığı oyların 13 kez sayılmasıyla teyit edildi, ancak seçim kurulu seçimi iptal etti. Bunun sonucunda "İzmir'de de AKP

kazanana dek oylar tekrar sayılacakmış" şeklinde geyikler yapıldı.

7. Oyların yeniden sayıldığı yerlerin çoğunda muhalefet partileri seçimleri kazandı.

8. Seçim sonuçlarına ilişkin şaibeler o kadar ilgi çekti ki yerli yabancı, alakalı alakasız, istatistik uzmanları sonuçları analiz edip sistematik yolsuzluk olmuş olabileceğine işaret ettiler. Bazı yerlerde seçime katılım oranlarının yüzde 100'ü aşması şaibe tartışmalarını artırdı.

9. Balkon konuşmasında cemaate savaş açıldığı ilan edildi. Cemaatin oy oranı ise hâlâ bilinmiyor.

10. Sonuç olarak toplam oyların, AKP yüzde 46'sını, CHP yüzde 28'ini, MHP yüzde 15'ini ve BDP-HDP-Ahmet Türk koalisyonu yüzde 6,5'ini aldı. Başka hesap ve sayımlara göre ise bu dağılım AKP, CHP ve MHP arasında yüzde 43, yüzde 26 ve yüzde 18 şeklinde gerçekleşti. Ancak bu seçim, sonuçlarını belki de tam olarak hiçbir zaman bilemeyeceğimiz bir vaka olarak tarihe geçecek.

11. Son olarak UEFA'nın Şampiyonlar Ligi'nden men ettiği Fenerbahçe büyük ihtimal şampiyon olacak.

İyi pazarlar ve bol şanslar.

CHP ve BDP'den Sosyal Demokrat
İktidar Olur mu?

4 Mart 2014

Ayakkabı kutuları, baba-oğul telefon sohbetleri ve sınır tanımayan basın sansürü belli ki Türkiye'de pek çok insanı kör etmiş durumda. Sosyal refah politikalarının seçimi kazandırma ihtimalini unutmamak gerekli. Bunu görmek için birkaç genel istatistiğe bakabiliriz.

Türkiye'de zengin yüzde 10 ile yoksul yüzde 10 arasındaki gelir farkı 1'e 14. Son otuz yılda ciddi bir ilerleme olmasına karşın hâlâ Avrupa ortalamasının çok üzerinde. Türkiye yoksulluk sıralamasında OECD ülkeleri içinde İsrail'den sonra en kötü ikinci ülke durumunda.

Bölgeler, iller ve ilçeler arasındaki eşitsizliklerde de 1970'lerden, 1990'lardan pek farklı bir tablo yok. Doğu ve Güneydoğu bölgeleri hâlâ sosyoekonomik gelişmişlik sıralamasının dibindeler.

Çatışmalarla da ilgili olarak insanlar, özellikle Kürtler batı ve metropol illere doğru göç etmeye devam ediyorlar. Ancak göçle gelen göreli refah pek çoğunu geniş kent yoksulları arasına sokuyor.

Başbakanın sıfırlattığı milyonları bir kenara bırakırsak ve bilinmeyenleri de unutursak dört milyon lira civarında mal varlığı varmış. Ana muhalefet partisi başkanı eski SSK müdürünün mal varlığı ise dört yüz bin lira civarındaymış. Eşlerinin mal varlıklarını kıyaslamak için detaylı bilgi yok ama orada da Başbakanın açık ara önde olacağını tahmin etmek zor değil.

Ancak mesele bu değil. Mesele sokaktaki adam, sıradan vatandaş ve benzer biçimlerde tarif edilen ortalama Türkiyelinin mal varlığı nedir? Türkiye'de her dört haneden sadece birinin otomobili var mesela. Yani duble yollar, alt geçitler vesaire vatandaşı ilgilendiren en elzem sorunları çözmüyor. Aynı şekilde başbakanın, bakanlarının, muhalefet parti başkanlarının bol mülk sahipliği de gıpta ile bakılması gereken bir durum değil. Çünkü Türkiye genelinde insanların yaklaşık yarısı kiracı.

Sonuç olarak manzara bu iken, bu yoksul kesimleri din ve etnisitelerini mesele yapmadan kucaklayıcı bir söylem ile ortaya çıkabilecek demokrat ve özgürlükçü bir ittifak seçimi kazanabilir.

CHP olumlu bazı adımlar atmış olsa da hâlâ Kürt meselesinde cesur olamıyor. Yanılgıları milliyetçi oyları kaybedeceklerini düşünmeleri. Halbuki o oyların adresi zaten belli. Yani önemli olan sosyal demokrat olmak.

BDP haklı olarak CHP'nin tarihsel ve son dönemdeki milliyetçi tutumunu eleştiriyor ama özü itibarıyla CHP ile türdeş bir parti. Zaten ikisi de Sosyalist Enternasyonalci.

CHP Kürt politikasında açıkça özgürlükçü bir tutum takınsa ve koalisyona gitse iktidar olmaları mümkün.

Barajı aşmış bir BDP ile ılımlı, olumlu ve barışçı bir CHP'nin koalisyonu halinde %40'ın üzerinde oy almaları pek muhtemel.

BDP'nin ilk kez parti olarak gireceği seçimlerde barajı kesinlikle aşacağını düşünüyorum. Özellikle Doğu ve Güneydoğu illerinde AKP'den BDP'ye oy kaymaları olacaktır. Orta Anadolu ve batı illerinde de bu kayma MHP ve diğer İslamcı muhafazakar partilere doğru olacaktır. Sonuçta %10 dolayında bir BDP ile %30 dolayında bir CHP'nin seçimi kazanma şansı var.

Burada 1991 seçimlerinde HEP ile yapılan ittifaktan dolayı CHP'nin oy kaybettiğini düşünenlere katılmıyorum. Çünkü o seçimde olmayan MHP, bugün zaten yüzde 13-15 bandında bir oya sahip. Yani potansiyel olarak kaybedilecek oyların hepsi adresine gitmiş. Aslında bu açıdan bakıldığında Kılıçdaroğlu ile CHP'nin seçmen desteğini ciddi oranda artırdığı da söylenebilir.

Şimdi bu siyasiler BirGün'ü dinlemezler ama gizli gizli okurlar. Kim bilir belki bir ciddiye alan sol duyulu çıkar.

İyi pazarlar ve bol şanslar.

Üç İstibdat Döneminde Geçen Çocukluğum

11 Haziran 2018

Öncelikle belirteyim bu yazıda geçen kişi ve kurumların gerçekle ilgisi yoktur ya da en hafifinden gerçekle ilişkisi kopmak üzeredir.

Beni tanıyanlar bilir tevellüt 1800'lerin ikinci yarısına kadar uzanmaz ama "gerçek ötesi" zamanlarda bunların önemi yok. Dolayısıyla bir reis-i cumhur'un doğmadan önce kalabalık sınıflar görmüş olması da normal benim Abdülhamit'le karşılıklı atışmalarım da. Bizim ait olduğumuz sınıflar zaten hep kalabalık. İstibdat döneminde geçen çocukluğum da böyle bir şey. Abdülhamit'le aynı zamanda yaşamam gerekmiyor. Belki "astral seyahatler" yapıyorum kim bilir, belki hepiniz uyurken gidip bakıyorum.

Bilkent, Sheffield ve University College London diplomalarımın gerçek olması biraz tuhaf görünüyor biliyorum. Şimdi aranızda "olan var olmayan var niye diplomalara getiriyorsun lafı" diyenler olabilir. Haklılar da ama bunları gündemden kopuk olduğum sanılmasın diye yazıyorum. İstibdat döneminde geçen çocukluğumun travmaları bunlar.

İtiraf edeyim, çocukluğumun istibdatının en temel nedeni rahmetli babamdı. Öyle 75 kişi, 100 kişi hesabı yapmıyorduk pek. Belki İzmirli olduğumuzdan.

Herkesin bildiği İstibdat dönemi, çocukluğumun istibdat dönemi ve şimdiki istibdat dönemleri birbirine çok benziyorlardı. Sınıflar kalabalık ve açtı; özellikle alt sınıflar! Şaka değil, çocukluğumun büyük ve küçük istibdat dönemlerinde de evimizde buzdolabı yoktu. Bugün de evinde buzdolabı olmayanlar var. Kiminin de dolabı var ama içi dolmuyor.

Üç istibdat döneminde de tepedeki önce melekti sonra sopasını fena gösterdi. Önce reformlar, üniversiteler, hastaneler, değişik eğitim sistemleri sonra sopa!

Her istibdat döneminde basını tepedeki kontrol ediyordu. Tepeye doğru yükseldikçe oksijen kıtlığı arttığından mıdır neden, kendinden başka kimsenin nefes almasını istemiyor insan zaar.

Üç istibdat döneminde de karikatürlerden, komediden, hicivden hoşlanmıyordu tepedeki. Aşağılardan komik görünen şeyler belki tepeden bakınca öyle görünmüyordur. Üç istibdat da Amerika'nın sözünden çıkmadı. Birisi Müslümanlara "Amerika'ya direnmeyin" dedi. İkincisi asker sözü verdi. Üçüncüsü "Ne istediniz de vermedik" dedi ve kandırıldı.

Üç istibdat da yol yaptı. Birincisi demiryolu yaptı bol bol. İkincisi yurt dışına yol yaptı, bir milyon vatandaş başka ülkelerde mülteci oldu. Üçüncüsü katmerlisini yaptı yolun.

Üç istibdat döneminde de darbeciler, darbeler ve bunun sonucu yargılamalar, yargısız infazlar ve bol bol adaletsizlik vardı. Birinci istibdattan kaçışım rahat oldu, çocuktum ve astral seyahatlerdeydim. İkincisinde de çocukluk işe yaradı yine İzmirli olduğumuzdan mıdır nedir, sınıf kalabalıktı ama keyfimiz yerindeydi ve yırttık. Üçüncüsünde durum çetrefil, bekleyip göreceğiz çocukluk bir kez daha işe yarar mı?

Üç istibdat döneminde de ortalık paşadan geçilmiyordu. Birincisi paşaları sürgüne gönderdi, ikincisi paşaları meclise gönderdi, üçüncüsü süper paşa olurken paşaların bir kısmı içeri girdi bir kısmı dışarda kaldı. Bizse çocuktuk ve sadece paşa çayımız vardı.

Üç istibdatın tepedekilerini de sevmem ama yerel istibdatın müsebbibi babam iyi adamdı. Doksan yıllık ömründe dürüst ve onurlu bir şekilde yaşadı, çalıştı, direndi ve sonunda tamam dedi.

Biz de sonsuza dek paşa çayına talim edecek değiliz ya. Tamam.

İyi haftalar ve bol şanslar.

Halkin Dostları: Komünistler, Sosyalistler, Devrimciler, Ateistler

25 Temmuz 2016

Yazının başlığı kinaye olsun diye böyle atılmadı; gerçek olduğu için... Kimse kendini kandırmasın. Türkiye'de bütün darbeler, teknik olarak, sağcılar tarafından sağ iktidarlara karşı yapılmıştır. Bütün darbeler de yine bu başlıktaki iyi insanlara hesap ödetmiştir. Halkın dostları, her daim iktidar, koltuk, para pul hevesiyle sokaklara çıkmamış, herkes için eşitlik, adalet ve daha iyi bir gelecek ideali ile hayatlarını riske atmış ve savunmada da en önde yer almışlardır.

Darbelere sevinenlerin arasında halkın dostları yoktur. Darbeleri yapanlar ve darbelerden kârlı çıkanlar halkın dostlarını hapse atar, işkence eder, idam ederler. İdam cezası isteyenler arasında da halkın dostları yoktur. Halkın dostları idam cezasını, düşmanları dahil kimse için istemezler.

12 Eylül 1980'de çocuktum. Sabah uyandık babam, amcam, bütün büyükleri evde oturuyor görünce şaşırdık. Televizyonda, radyoda o apoletli ve karanlık adamın sesi Türkan Şoray'dan Bülent Ersoy'a dek herkesin "yüreğine su serpmiş" "huzur vermiş." Sokakta askerler kuş uçurtmuyor. Çocuklara dahi silah doğrultulup içeri girmeleri söyleniyor. O günün sonrasında karanlık iyice çöktü. Sıkıyönetim tutuklamalar, işkenceler, idamlar... Bizim evi de bastılar zamanı gelince. İşkenceden geçirdiler, tutukladılar ablaları abileri. Bu abiler ablalar öyle dil olimpiyatı falan yapan ablalar abiler değil, düpedüz halkın dostlarından. Cezaevi kapısında beklemek, ve rutin aşağılanmak nedir gördük epey bir süre.

Bir ünlü komedyen o zaman "dünyanın her yerinde ordu tutucudur bizde devrimci" buyurmuştu ama kazın ayağı öyle değildi: O ordu halkın dostlarını tutukladı, işkence etti ve idam etti. Halkın dostları, bu tutuklananların, işkence görenlerin, ve yüz binlercesi sürgün olanların arasındaydı. Darbeden fayda gören yoktur halkın dostları arasında.

12 Eylül 1980 Cuma günü saat 03.59'da İstiklal Marşı ve Harbiye Marşı ile açılış yapan TRT'de Kenan Evren imzasıyla yayınlanan bir numaralı bildirinin okunmasıyla darbe duyurulmuştu. Takip eden dönemde yaklaşık 650.000 kişi

gözaltına alındı, ağır işkencelerden geçirildi. 210.000 davada 230.000 kişi yargılandı. 7.000 kişi idamla yargılanırken, 517 kişiye idam cezası verildi ve 50 devrimci asıldı.

Şüpheli ölümler, işkencede ölenler, cezaevlerinde ölenler, "kaçarken vurulanlar", "çatışmada ölenler", "doğal yollarla ölenler" ve "intihar edenler" hesaba katıldığında yaklaşık 900 devrimci öldürüldü 12 Eylül'de!

338.000 kişiye pasaport verilmezken, 30.000 kişi "sakıncalı bulunup" işten atıldı ve 14.000 kişi vatandaşlıktan atıldı, yurttaşlıktan çıkarıldı.

23.677 dernek kapatıldı. 3.854 öğretmen, 120 öğretim üyesi ve 47 hakim işten atılırken binlerce öğretim üyesi görevden alındı. Yüzlerce gazeteci tutuklandı, gazeteler kapatıldı ve gazeteciler öldürüldü. Türk-İş dışındaki sendikaların faaliyeti durduruldu ve mallarına el konuldu.

Halkın dostları darbelerden medet ummazlar. Yukarıdaki sayılar ironik bir biçimde başarısız olan "15 Temmuz darbe girişimi" sonrası sayılarına benziyor. Ama daha yolun başı. Halkın dostları demokrasiye, dostlarına, komşularına, meslektaşlarına ayrım yapmadan sahip çıkarlar; halkın iradesine, seçilmiş vekillerine, halkın seçtiklerine de sahip çıkarlar.

Halkın dostları 12 Eylül öncesinde de sonrasında da çıkar çetelerinin, gerici din tüccarlarının, patronların hedefi olmuştur. 15 Temmuz öncesinde de sonrasında da durum aynıdır, ama halkın dostlarını asla din ticaretinde, rütbe mevki mücadelesinde, para pul peşinde darbecilerle veya iktidarla çirkin pazarlıklar içinde göremezsiniz. Darbeyi yapanlar da ondan fayda görenler de her zaman halkın dostlarına saldırmışlardır. Kurunun yanında yanan yaş diye tabir edilen ekseriyet halkın dostlarıdır.

15 Temmuz darbe girişimi ve sonrası diye uzatmaya gerek yok, Türkiye uzun süredir bir darbe taarruzu altındaydı, şimdi bu taarruzun meyvelerini birileri topluyor. Halkın dostlarını bu çakalların arasında göremezsiniz.

İyi haftalar ve bol şanslar.

Dünyada Seçim Cinayetleri ve Suruç

18 Haziran 2018

Geçen haftanın en önemli olayı Suruç'taki cinayetlerdi. Öncelikle ne olduğuna dair şu ana kadar basına yansıyanları özetleyelim ve tarihe not düşülsün:

1. AKP milletvekili kendisine oy vermeyeceğini belirten esnafın dükkânına zorla girmek istemiş.

2. Esnaf AKP'li vekile buradan oy çıkmayacağını söylemiş.

3. AKP'li vekilin kardeşi esnafa tokat atmış.

4. Esnaf da kendisine tokatla karşılık vermiş.

5. AKP'li milletvekilinin kardeşi esnafı vurmuş.

6. Esnaf ve 3 kardeşi daha silahla yaralanmış.

7. AKP'li vekilin kardeşi de esnaf tarafından vurulmuş.

8. Esnafın babası da yaralıların yanına hastaneye gidince AKP'li vekilin yakınları tarafından vurulmuş.

9. AKP'ye oy vermeyeceğini belirten 3 kişi öldürülmüş.

10. Dükkân basan AKP'li vekilin kardeşi öldürülmüş.

Etraflı ve dürüst bir araştırma, soruşturma yapılırsa belki bu olayın detaylarına ilişkin değişiklikler olabilir. Ancak şimdilik olay bundan ibaret: Dükkân basan bir vekil ve akrabaları üç kişiyi öldürmüş ya da ölümüne sebep olmuş ve çıkan çatışmada vekilin kardeşi de öldürülmüş.

Burada esnafın ne olduğu, hangi partiye oy verdiği, kime gönül verdiği, hangi takımı tuttuğu vesaire önemli meseleler sayılmaz.

Saray'daki muhterem gözaltına alınanlara, tutuklulara, veya herhangi birine selam verenlere kafadan hüküm kesse de insanların ne düşündüğüne fal tutmak bizim işimiz değil. Ancak burada illa bir suçlu veya sorumlu aranıyorsa, bu sorumluyu taziye, nezaket veya bayram ziyaretlerinde bulunanlar arasında aramamak gerek.

Seçim kampanyalarında cinayetler işlenmesi maalesef bazı ülkelere özgü değil. Ancak sosyoekonomik ve ahlaki olarak azgelişmişlik ile bu cinayetlerin sayısı arasında doğrusal bir ilişki olduğu söylenebilir.

Hatırlarsanız İngiltere'de 2017 seçimleri sırasında İşçi Partisi milletvekili Jo Cox sokak ortasında bıçaklanarak ölüdürülmüştü. İngiltere için "münferit olay" diyebileceğimiz bu cinayetler başka yerlerde o kadar münferit değil.

Türkiye gibi Meksika'da da başkanlık seçimleriyle genel seçimler birlikte yapılıyor ve 1 Temmuz'da sandığa gidilecek.

Reuters'ın haberine göre 2018 seçim kampanyası sırasında şimdiye dek 113 siyasetçi öldürüldü. Filipinler'de birkaç yıl önceki başkanlık seçimlerinde en az 15 kişi öldürülmüştü. Eyalet Suç Kayıtları Bürosu'na göre, Hindistan'ın Kerala eyaletindeki seçimlerde son on yılda 100'den fazla seçim kampanyası cinayeti görülmüş.

Seçim cinayetleri veya şiddet içeren saldırıların amacı belli, rakipleri korkutmak ama etkisi hemen akabindeki seçimlerden daha uzun vadeli. Adayların veya seçmenlerin öldürüldüğünü görmek uzun vadede insanları seçimden ve siyasetten soğutacaktır. Bunu sıkıyönetimlerde olduğu gibi devlet eliyle de yapabilirsiniz, Meksika'daki gibi çeteler eliyle de. İkisinin arasında daha birçok kombinasyon da olabilir. Peki, nedir siyaseti öldürmeye yönelten?

Birkaç yıl önce Guardian gazetesi bir haberinde seçim kazanmanın altın kurallarını sıralarken en iyi savunma saldırıdır diye yazıyordu. Fiziki saldırıyı kastetmediler tabii ki ama o da mı saldırının bir parçası?

Seçim cinayetlerine karşı yapılması gereken öncelikle bunu teşvik edecek gerilim ve düşmanlık yaratıcı nefret söyleminden uzak durmaktır. Şu an bundan uzak duramayan ve sürekli tehditler savuran tek aday ve parti var.

İkinci önemli adım ise suçlu veya suçluları yakalayıp yargı önüne çıkarmaktır. Bunun tek amacı onları içeri tıkmak değil aynı zamanda suçun kaynaklarını anlamak ve tekrarını önlemeye çalışmaktır. Bu sürecin de tarafsız ve önyargısız işlemesi gerekir.

Takdir edersiniz bunu garanti etmek ve yerine getirmek de bir ülkede kim iktidardaysa onun sorumluluğudur. Yapamıyorsa, o zaman suç onun üzerine bırakılır. FETÖ işi de böyledir, adli suçlar da böyledir, ekonomik kriz de böyledir. Bu sorumluluğu kabul edip gereğini yapmazsanız, seçmen size sandıkta temiz bir dayak atar. Yani iktidarda olmayanlara çamur atarak bundan sıyrılamazsınız.

İyi haftalar ve bol şanslar.

"Diktatöre Mektup"

19 Mart 2018

Dünyada kaç tane diktatör vardır? Kaç tane diktatörlüğe heves eden "lider" vardır? Liderlik meselesinin genel tarifini düşününce sanki liderlikten doğrudan diktatörlüğe giden bir yol açılıyor. Belki de eşbaşkan beş başkan diye uzatmadan buradan kestirip atmak gerek bu meseleyi.

Size yeni bir filmden bahsedeceğim. Büyük ülkelerin diktatörlerinden pek bahsedilmese de küçük ülkelerin diktatörlerini makaraya alan epeyce film yapılıyor. Büyük ülkelerin diktatörleri kendileri sürekli film çevirdikleri için, belki de onları makaraya almaya gerek kalmıyor.

Burada bir parantez açıp gündeme değinelim. Geçen hafta bir "dünya liderini" açıktan suçlayan İngiltere soğuk savaş kapılarını yeniden araladı. Bunun filmini kim çekecek göreceğiz. Ama bu filmin orjinal hiçbir yanı olmayacağı daha başlangıcından belli oldu. Temkinli olmaya çalışan Corbyn'e bir "komünistler Moskova'ya" denmediği kaldı.

Wadiya'da Sacha Baron Afrika'nın bağrındaki memleketini yağmalayıp onu bunu astırmakla meşguldü. Geçen hafta gösterime giren "Diktatöre Mektup" filminde de Michael Caine ve dalkavukları Karayipler'deki ada ülkesinde terör estiriyor.

Filmin diktatörlük ile ilgili kısmı sadece birkaç dakika aslında ama bütün klişe diktatör hikayeleri oraya sığdırılmış. Karayipli diktatör Anton bıyıklarını ve saçlarını simsiyah boyatıyor. Askerî kıyafetler giyiyor. Başkanlığı ve başkumandanlığı çok seviyor. Bir sahnede demet demet paraları kasadan toplayıp ülkeyi terk ediyor.

Tesadüfen mektup arkadaşı olduğu Amerikalı genç kız, sığınabileceği tek dostu olarak diktatörü evlerinin garajına alıyor. Bundan sonrası mutlu son. Diktatör ülkesini terk etmesine neden olan isyancılardan -bunu hain, terörist, ajan diye de okuyabilirsiniz- öğrendiği taktiklerle genç kızın okulundaki çeteye karşı kalkışma örgütlemesine rehberlik ediyor. Sonra bilindik darbe ve operasyon vakaları birbirini takip ediyor.

Tam bütün diktatörlere aynı sonu dileyelim demeye hazırlanıyorsunuz ve o anda kan ter içinde uyanıyorsunuz. Film mi, rüya mı karar veremiyorsunuz. Uyansanız bir dert uyanmasanız başka dert.

Diktatöre mektup güzel film vesselam.

İyi haftalar ve bol şanslar.

CHP-HDP: Durun Siz Kardeşsiniz!

12 Nisan 2015

Paskalya tatilinde bir dizi konferans için Türkiye'deydim ve adaylık ve seçim heyecanını yakından takip etme fırsatım oldu. Hem iktidar konumu itibarıyla hem de son yıllardaki seçim başarıları nedeniyle tartışma muhalefete ve olası ittifaklara odaklanmış görünüyor. Bunun seçmenlerde bir karşılığı da var.

Önce iktidardan başlayacak olursak; Davutoğlu-Erdoğan ekseninde daha çok tartışma yaşanacağı kesin. Naçizane görüşüm, yarım milyar dolar civarında bir kamu bütçesinin iman itikat bir yana herkesi birbiriyle kavga ettirebileceği yönünde. Meselenin Arınç'ın çocukları ya da Melih Gökçek'in parsellerinden daha büyük olduğunu düşünüyorum. Erdoğan başbakan olmadan önce, şu an partinin başında bulunan başaltı liderleri kontrol altında tutabiliyordu, ancak şimdi ortada bir eşitler çekişmesi olması kaçınılmaz. Seçim sonrasında hükümet kurma sorusuyla karşılaşıldığında bu çekişmeler daha da artacaktır.

Erdoğan için, eğer liderlik konumunu devam ettirmek istiyorsa doğru strateji, daha soyut ve geniş etkili konulara eğilerek AKP'nin gündelik siyasetinden uzaklaşmaktır. AKP bu seçimde değilse bir sonraki seçimde yerini yeni aktörlere bırakacaktır.

Muhalefette bir toparlanma olduğu kesin. MHP, AKP'den kaçacak muhafazakâr seçmenlerin muhtemelen birinci adresi olacak. AKP içindeki çatlak seslerin artışına bağlı olarak %20 sınırını zorlayabilir. Saadet ve BBP ittifakı Orta Anadolu'da bir kırılma yaratabilir, ama barajı geçmeleri zor.

Kopmalara rağmen CHP son seçimdeki oy oranını koruyacak gibi görünüyor. Ancak tek başına iktidar olma olasılığı yok. HDP-BDP grubu, batıda AKP'den çok CHP'ye alternatif bir siyaset yürütürken Kürt illerinde AKP'nin tek rakibi. Bu anlaşılır bir durum.

Anlaşılmaz olan ise hem CHP'nin hem de HDP-BDP'nin kısmen korkak kısmen iki yüzlü tavrı. İki yüzlülük, her iki partinin de Sosyalist Enternasyonal üyesi olmalarına karşın düşman kardeşler tavrına girmiş olmaları.

Öteden beri izleyebildiğim kadarıyla BDP çizgisindeki partiler, Cumhuriyetin ilk yıllarındaki kurucu parti CHP'den çok farklı işler yapmıyorlar. BDP'deki daha ilerici bazı vurgulara karşın kategorik olarak bu partiler Sosyalist Enternasyonal içinde yan yana oturabilecek konumdalar.

Türkiye'nin bugünkü siyasî ortamında inançları ve inanç pratiklerini kendine dert edinmeden toplumsal refah taleplerini öne çıkaran bir koalisyon ile iktidar olmak mümkün ve Sosyalist Enternasyonal'in her iki parti tarafından benimsenen ilkeleri de bunu tavsiye ediyor.

CHP içinde otuz yıllık çatışmanın etkisiyle güçlenmiş bir milliyetçilik var ve Kılıçdaroğlu, bunu kaba tabirle "topa girmeyerek" aşmaya çalışıyor. Sorunun böyle çözülmeyeceği aşikâr. Aynı çatışma nedeniyle oluşmuş bir başka milliyetçilik de BDP-HDP içinde hakim. HDP-BDP'nin CHP'den ne talep ettiği çok belli değil ama her düzeyde iktidardan ziyade CHP'yi hedef almaları, CHP'li tabandan oy isterken çok akıllıca değil. HDP'ye oy verme opsiyonunu düşünen CHP'li seçmenler, Demirtaş'a rağmen acaba AKP ile ittifak yaparlar mı kaygısını taşıyor: "Al başkanlığını, ver başkanımı" korkusu var. CHP ise SHP zamanındakine benzer bir siyasi alan boşaltma eğiliminde; yani Kürt seçmene hitapları zayıf.

Kılıçdaroğlu'nun HDP-BDP'ye kıyasla benden aldığı olumlu not, Kürt meselesine ilişkin negatif siyasete pek başvurmamasından. Ancak en nihayetinde her iki partinin işbirliği yapmaları halinde iktidara aday olabileceklerini görmeleri lazım. CHP'nin milliyetçi oyları kaybederim korkusu büyük oranda yersiz. Çünkü bu seçmen zaten uzun süredir başka adreste. BDP-HDP için de CHP'nin geçmişi o kadar önemli olmamalı. İki partinin ittifakı %35-40 bandında bir alternatif yaratır. Bugünkü durum itibarıyla muhafazakar ve sağ bir iktidarın karşısındaki tek alternatif de bu olur.

Orta ve uzun vadede, Türkiye'nin üç sosyal demokrat partiye ihtiyacı var: Birincisi, batı ve kıyı illerinde bugünkü CHP gibi bir parti; ikincisi doğu illerinde HDP gibi bir parti. Bu ikisi mevcut. Üçüncü için ortada henüz bir aday bile yok. Gerekli olan belki de dindar motifleri de güçlü, ancak öz itibarıyla çalışandan yana ve toplumsal refah vurgusu güçlü bir Anadolu'nun ortasının partisi.

Haziran'da bunun olma ihtimali yok, ama belki sonrası için bu umut beslenebilir. O yüzden "siz kardeşsiniz" uyarısını tekrarlamakta fayda olabilir.

Hepinize "hayırlı" olsun.

İyi pazarlar ve bol şanslar.

Cumhurbaşkanı Seçimsizliği

21 Temmuz 2014

Memleket yine seçim telaşında. Adaylar belli olduktan sonra epeydir alışık olduğumuz iki buçuk Türkiye yeniden sahneye çıktı. Kanun değişikliğiyle yurt dışındaki vatandaşlara da bulundukları ülkelerde oy kullanma hakkı verilmesi seçimin sathını dünya geneline yaydı. Gurbetçiler, Almancılar ve sair gönüllü, gönülsüz, zorunlu yerinden olmuşlar da söz sahibi haline geldiler.

Yurt dışında yaşayan vatandaşlara oy hakkı son dönemde pek çok ülke tarafından uygulanmaya başlandı. Nedeni tamamen duygusal. Eskiden "sorunlu nüfuslardan kurtulma" anlayışıyla umursanmayan gurbetçilerin aslında bir rolü, katkısı, önemi olabileceği anlaşıldı. Arap baharı, Kürt meselesi, İran'da demokratikleşme gibi geniş bir yelpazede diyaspora gruplarının siyasi etkilerinin olduğu görüldü.

Vay böylece demokratikleşiriz, haydi şu Almancılara oy hakkı verelim denmediği malumunuz. Ancak bazı araştırmalar gurbetçi nüfusların yaşadığı ülkelerden köken ülkelerine doğru bir yatırım akışı olduğunu gösterdi. Göçmen dövizlerinin ötesinde, doğrudan yabancı sermaye akışlarında ve uluslararası ticaret ilişkilerinde ve hacminde göçmen nüfusların bir etkisi olduğu tahmin ediyor.

Uzun lafın kısası, Almanya, İngiltere, Fransa ve diğer ülkeler seçim bölgeleri oluverdi. Bild gazetesinin "Hoş gelmediniz, burada istenmiyorsunuz" manşetiyle sunduğu Erdoğan'ın Köln mitingi yurt dışında da yurt içindekine benzer bir siyasi kamplaşmanın varlığını göstermesi açısından ilginçti. Warwick Üniversitesi'nden Dr. Bahar Başer bir çalışmasında "bavulumdaki çatışma" diyerek Türkiye'deki çatışmaların nasıl gurbete de aktarıldığını anlatmıştı. Dolayısıyla burada bir sürpriz yok. Bu yurt dışındaki iki buçuk Türkiye'nin Londra ayağında da bugün Selahattin Demirtaş miting yapıyor. Demirtaş sözü itibarıyla seçimin tek radikal adayı. İlla bir sol adaydan bahsedilecekse bu seçimin sol adayı Demirtaş. Seçimi kazanma ihtimali ise maalesef yok.

Özellikle sosyal demokratlar arasında isminin telaffuzunda ciddi problemler yaşanan Ekmeleddin İhsanoğlu ise zaten miting yapmayacağını ilan etmişti. Bir nevi alternatif programla seçim çalışması yürütüyor olmasını ilginç buluyorum. Yani meydanlarda çevre, görüntü ve ses kirliliği yaratmadan siyaset yapılabildiğini anlayanlar olabilir diye umuyorum. İhsanoğlu sadece CHP değil, MHP ve BBP tabanından da sınırlı bile olsa tepki almakta, ancak genel itibarıyla bir merkez sağ aday olarak seçimi kazanma şansı var.

Erdoğan'ın seferber ettiği imkânları itibarıyla devletin adayı olduğunu belirtmek lazım. Yani ortada yine eşitsiz bir yarış var. Bu eşitsiz yarışta kazanma ihtimali en yüksek aday da o. Elimizde tahmin yürütmek için kullanabileceğimiz genel ve yerel seçim sonuçları da mevcut. CHP, MHP ve diğer küçük ortaklar fire vermezse İhsanoğlu kazanır diye düşünüyorum. Aksi takdirde Erdoğan köşke çıkar.

Demirtaş, HDP, BDP ve PKK'nin tavrı ikinci tur açısından önemli. Kürt seçmen bildiğimize oy verelim derse diğerinin şansı pek yok. İhsanoğlu, muhafazakâr Kürt seçmene pek bir yabancı gelebilir. Bunu herhalde ilk tur sonuçlarından sonra daha iyi görebileceğiz.

Kime oy verelim onu da söyleseydin diyenler olabilir. Teknik olarak oy veremeyeceğim, ancak verebilecek olsaydım da destekleyecek bir aday bulamazdım. Siyasetin yoğun bir pazarlama çabası ve stratejisi gerektirdiği ortada. O zaman da her yol müşteri memnuniyetine çıkıyor. Türkiye'de iktidar olmak istiyorsanız kabaca %80 muhafazakâr seçmene hitap edecek bir parti, program ve adaylar silsilesine ihtiyacınız var.

Yok biz ucundan biraz değiştirelim diyorsanız, o zaman radikal bir şeyler söyleyin ki alternatif bir yol olduğunu insanlar duysun. Daha önce CHP'nin tüm yerel seçim adayları kadın olsa güzel olur diye yazmıştım. Şimdi kadın adayın olmadığı bir seçim daha kapıda. Başka azınlık gruplardan da adaylar olabilir. Ama bu seçimi kim kazanırsa kazansın mağlup sayılır bu yolda galip. Onu da başka bir gün yazarım.

İyi pazarlar ve bol şanslar.

Seçim ve Feysbuk Yazısı

5 Nisan 2009

Epeydir aklımdaydı; köşe yazarlarının hepsi bir moda gibi "facebook" yazısı yazıyor diye. Bana da bugün kısmetmiş, ne kadar uzakta olursanız olun ülkenin seçimleri sizi ilgilendiriyor. Geçen pazar gecesi ben de muhtemelen pek çok diğer diyaspora Türk'ü gibi televizyonun karşısına oturup sonuçları ve sandıkların açılışını takip ettim. İtiraf edeyim bunu da Ece Temelkuran'ın geçen hafta tarif ettiği gibi bir kinle falan yapmadım. Sonuçta demokrasi denen şey böyle bir oyun ve neredeyse her daim bu oyunu kaybetmeye hazırlıklı olmak lazım diye düşünürüm. Ertesi sabah ve takip eden günlerde de feysbuk arkadaşlarımın profillerine koydukları notlara bakıp sonuçların nasıl yorumlandığını anlamaya çalıştım ki bu da benim feysbuk yazım oldu.

Her seçimden sonra olduğu gibi bu seçimde de hemen hemen herkes kendini galip ilan etti ve etmeye devam edecek sanırım. Sonuçta koskoca memlekette herkesi memnun edecek bir veya birkaç yer vardır. Örneğin ÖDP'lileri Samandağ memnun etmiştir. Memlekete yine nazar boncuğu bir ilçe belediyesi kazandırdıkları için tebrikler. AKP beklenilenin altında kalmakla birlikte seçimin açık ara galibi. DTP de kendi çapında bir başarı kazandı ve Kürt illerinin bir numaralı temsilcisi olduğunu gösterdi. Halkın kanaatleri deyip duranlar bunları duyar ve dinler umarım.

İşin feysbuk kısmına gelince. İzmirliler genel olarak kendilerini laiklik, Batılılık, modernlik, açıklık vesaire açısından ayrıcalıklı bulur ve biraz da bu yüzden kaale alınır şehir. Bu seçimde ilçeler dahil tüm belediyeleri CHP kazandı. Baykal ve adamları tabii ki bundan pay çıkaracaktır ve bir oranda haklıdırlar ama öyle görünüyor ki bu oylar önemli ölçüde tepki oylarıydı. Feysbuktan İzmirli arkadaşlar en çok iki başlığı uygun görmüş durumu ifade etmek için. Biri, "İzmir van münits dedi". Biliyorsunuz "van münits" Erdoğanca'da "one minute" manasına gelir. Diğeri ise Mersinli çiftçi deyişi, "İzmir ananı da al git dedi." Biraz küfürbaz ama sanırım hissiyatı yansıtıyor.

Feysbuk'taki demokrat ve laik dostların teması ise pazartesi günü Gökçek'siz ya da Topbaş'sız bir şehre uyanmaktı. Sanırım bir beş yıl daha uyanmamak icap edecek.

BirGün haftasonu duyurdu bu hafta yazarlarımızla seçimi yorumlayacağız diye. Ben de üzerime düşeni yazayım. Kaç gündür televizyonlardan, gazetelerden takip ettim. Genel hevesin aksine İngiliz medyasında çok fazla ilgi görmedi yerel seçimler ve kısa -hatta özensiz- haberler olarak geçildi. Örneğin BBC, AKP'nin %39 aldığını aktarırken CHP'yi %20, MHP'yi %17 gösterdi. The Guardian gazetesinde de aktarılan bu oranların kaynağı ise Türkiye'nin "devlet televizyonu" imiş. Sağcı 'The Telegraph' gazetesi yerel seçimlerde birbirini öldüren ve yaralayan aday ve seçmenleri başlığına taşırken, Erdoğan'ın bu hafta IMF ile görüşmesine ağırlık verdi seçim haberinde. Türkiye basınının bu "dünya medyasına nasıl yansıdı" hevesi herhalde alttan alta "Elalem ne der acaba? Yine mi rezil olduk?" gibi bir kaygıyla ortaya çıkıyor. Bir tür mahalle baskısı. Eğer öyleyse içiniz rahat olsun çok da rezil olunmuş sayılmaz ama 7 ölü ve çok sayıda yaralı Türkiye seçimlerini Zimbabve, Malavi gibi zengin demokrasilerle yarışır bir yere yerleştirir diye düşünüyorum.

Bu haberlerde tabii parti adlarının İngilizceleri veriliyor. Kaç parti adının İngilizcesini kendisi belirliyor ve servis ediyor bilmiyorum ama "açıkça İslamist" parti olarak sunulan Saadet Partisi muhtemelen en ilginç parti adları sözlüğüne girer: "Happiness Party!" İngiltere'de pek çok komiklik olsun diye kurulmuş siyasi parti de var, olayı yakından takip etmeyen okurlar bunu öyle bir şey sanabilir.

Neyse ciddi ciddi de ne düşünüyorum bu seçimlerle ilgili olarak onu söyleyim. Pek çoğunun aksine bakılması gereken asıl rakamlar Erdoğan Partisi, Baykal Partisi gibi partilerin oyları yerine asıl ana muhalefet partisinin kullanmayı reddettiği oylardır. Seçimlere katılım oranı genel olarak %80 dolayındadır ve 8 milyon seçmen sandığa gitmemiştir. Yüzde 80 oran tabii ki pek çok demokratik ülke ortalamasının çok üzerindedir. Ancak oy kullanmanın zorunluluk olduğu ve kullanmamanın cezası olduğu bir ülkede ve bazı yerlerde katılım oranının %30'lara düştüğünü de dikkate aldığımızda durumun biraz daha özel olduğu düşünülebilir.

Benim seçim sonrası tabloda gördüğüm, oy kullananların da genel olarak çaresizlik ve umutsuzluk ifade ettiğidir. İstanbul'da Kılıçdaroğlu "dürüst siyaset", "yolsuzluklara hayır" eksenli propagandasıyla ufak da olsa bir hareket yarattı, Ankara'da aynı etkiyi göremedik.

Şimdi beş yıl boyunca "söz, yetki, karar, iktidar halka" diye yola çıkan dört ÖDP'li belediyeyi izleyeceğiz ve "başka bir yerel yönetim mümkün" iddiasının test edilmesine şahit olacağız ve feysbuklarımıza not düşeceğiz, "hayırlı olsun."

İKİNCİ BÖLÜM

DEMOKRASİ DAVALARI VE MACERALARI

Katakullı Demokrasisi

4 Ocak 2015

Türkiye'ye geldiğimde en sık karşılaştığım sorulardan ikisi "Oradan burası nasıl görünüyor" ve "İngilizler bizim hakkımızda ne düşünüyor?" Bu soruların yanıtı aslında kısa ve hiç de karmaşık değil. Türkiye, İngilizler için o kadar da önemli bir ülke değil. Hem ticaret dengeleri hem de turizm açısından sıralamada aşağılarda kalıyor. İngiltere'deki göçmenlerin köken ülkeleri listesinde de çok gerilerde kaldığı için, Türkiye haber bültenlerinin müdavimlerinden değil. Hal böyle olunca, oradan burası pek görünmüyor.

Türkiye'de konuşulan ve insanların genel olarak inandığı kurguların Türkiye dışında karşılığı yok. Bunun altında kanaatimce eğitim sisteminin DNA'sına işlemiş olan "Türk'ün Türk'ten başka dostu yok" anlayışının etkisi aranmalı.

Bir başka ifadeyle, İngilizlerin ya da başkalarının sabahtan akşama kadar ne yapıp edelim de şu Türklerin ayağına çelme takalım diye komplolar ürettiklerini söyleyemeyiz. Kısaca herkes işinde gücünde. Almanya hariç diğer Avrupa ülkelerinde de durumun pek farklı olduğunu düşünmüyorum.

Yani Türkiye İngiltere ya da diğer Avrupa ülkelerinin gündemine ancak abartılı ya da çok önemli veya ender şeyler olduğunda geliyor.

Yılın sonunda ve yeni bir yıla başlarken bilanço geleneğine bağlı kalırsak, 2014 yılında Türkiye, İngiltere'de neden ve nasıl haber oldu, gündeme geldi? Türkiye ile ilgili haber olan, gündeme gelen meselelerinin başında 17 Aralık vakası ve bunu takip eden acayiplikler geliyor. Ankara'da inşa edilen başkanlık sarayı daha ziyade bir mizah malzemesi olarak ilgi çekti. Ama kimse de pek yadırgamadı. Yani Türkiye, kendine yakışan ve beklenen yapıyor diyebiliriz. Bazı siyasetçilerin sözleri üzerinden kadın hakları bağlamında haberler yapıldı. Doğal olarak, Suriye meselesi, IŞİD ve Kobani, Türkiye'nin daha ciddi bir biçimde gündeme girmesini sağladı. Bu noktada özellikle Londra'daki Kürt ve Alevi yoğunluklu Türkiyeli diyasporasının etkisini de gözardı etmemek gerek.

Türkiye haberleri şaşırtmadığı gibi basında çıkan yorumlarda da iki ana tavrın hâkim olduğunu söyleyebiliriz. Birincisi, genel olarak sol ve liberal eğilimli olanlar açıkça eleştirel bir tavır gösterirken daha muhafazakâr olanların temenniler üzerinden dolaylı eleştirel olduğunu düşünüyorum. İki eleştiriden de hâlâ umut var sonucunu çıkarabiliriz.

Eğer kendi uydurduğunuz kurgular yerine gerçekleri esas alarak daha iyi olma ve daha iyi yaşama gibi bir kaygınız varsa durum çok iç açıcı görünmüyor Kuzey Avrupa'nın büyük adasından. Aksini düşünüyorsanız zaten etrafınız sarılmış ve her yer ihanet, her yer komplo.

Dışarıdan görünüm bu. İçeriden görünen ise Magna Carta'nın 800. yılını kutlarken demokratik bir anayasa tartışmasının hâlâ yapılamıyor olması. Maalesef konuşma, dinleme ve anlama konularında ciddi sorunlar olduğunu düşünüyorum. Bunu gösteren bir güzel örnek, söz verme alışkanlıkları ve kanka konuk meselesi.

Pek çok televizyon kanalında gördüğüm tartışma programlarında yöneticilerin bir "kanka konuğu" var ve söz dönüp dolaşıp bu kanka konuğa geliyor. Kanka konuk, aynı zamanda sınırsız sayıda müdahale hakkına sahip. Diğerleri bir konuşursa o, beş, sekiz, on kez konuşabiliyor. Çoğu zaman muktedirden yana olan bu kanka konukların karşısındakiler, nezaketli insanlar ise durum daha da vahim olabiliyor. O zaman hem söz hakları olmuyor hem de tatlı sert hakaretlere de uğrayabiliyorlar.

Akademi ve kamuda da ortalama daha farklı değil. Ankara'daki bir çalıştayda da bizden daha tecrübeli bir hocamız, sessiz sakin oturumları izledikten sonra benzer bir tespitte bulundu. Toplantının sonunda, salonda hiç konuşmayanların, isteyip de konuşamayanların, bir kez konuşabilenlerin, iki kez konuşabilenlerin ve de çok konuşanların olduğuna işaret etti. Bu durumu da anlayana der gibi "yorumsuz" bıraktı.

Hem televizyon hem de çalıştay örnekleri aklıma katakulli kelimesini getiriyor. Özetle, biraz tezgâh, biraz gibi yapmak ve gibi görünmekten ibaret. Türkiye'de demokrasinin hali de bu. Katakulli demokrasisi. Gerektiğinde kılıfına uydurur ve işinize bakarsınız.

İyi pazarlar ve bol şanslar.

Freelonya'da Karikatür Davası

23 Temmuz 2018

Çoktandır Freelonya'da neler oluyor bakmadık. Malumunuz Freelonya'da olanla bitenin gerçek kişi ve kurumlarla bir ilişkisi yok.

Freelonya İlimler Akademisi mezunları espri olsun diye âlemlerin zalimi konulu bir karikatür yüzünden kodese gitmişler. Sultana hakaret Freelonya'da da Patagonya'da da hapislik suç.

Bunu bilmiyormuş gibi Vah Partili mebuslar da güya bu durumu ve genel olarak tahammülsüzlüğü protesto ederek aynı karikatürü antisosyal medyada paylaşıp Sultana hakareti davalarını kitleselleştirmiş oldular.

Aynı karikatür, Tapir dergisinin 24 Şubat 2005 tarihli sayısında kapakta yayınlanmış ve dönemin veziriazamının kendisini ayı, zürafa, maymun, deve, kurbağa, yayın, zebra ve ördek şeklinde karikatürize eden çizim için açtığı dava Freelonya'lı hakimlerce ifade özgürlüğü kapsamında değerlendirilip reddedilmişti.

Ancak Freelonya'ya komşu Treelonya'da da bu karikatür, Susa Dart'ın dönemin sadrazamını kedi olarak resmeden başka bir karikatürün dava edilip tazminata mahkûm edilmesini protesto amacıyla ortaya çıkmıştı. Susa Dart o karikatürde sadrazamı ipe dolanmış kedi olarak çizmişti.

Geçmişte suç kabul edilmeyen işler bugün suç kabul edilebiliyor. Hukukta böyle şeyler mümkün. 2005'te davaya bakan kadı efendi kararında "doğruların" zamana göre kişinin kendisi için bile değişebileceği vurgulanıyor. Belli ki 13 yılda bazı muhteremlerin "doğruları" değişmemiş.

Fikir, ifade ve eleştiri özgürlüğü bu tür tartışmaların tek çıkar yolu. Bahsi geçen karikatür de onun öncülleri de bazıları tarafından "üzücü", "incitici" bulunabilir. Olmasa daha iyi ama bunlara dava da açılabilir. Yine de iktidar sahiplerinin bu konuda biraz daha hoşgörülü olması beklenir. Ama Freelonya'da gelinen noktada zaten yalan olan "hoşgörü" meselesinin çoktan kapı dışarı edildiği herkesin malumu.

Gerçek hayatta da bu karikatür meselesi dertli. Eski bir öğrencim, Omar, doktora çalışmasını Londra'daki Müslüman Arapların tüketici boykotu üzerine yapmıştı. O çalışmada esas olarak orta ve uzun vadede bu boykot meselesinin tüketici sadakatine etkisine bakıldı. İncelenen vaka ise Jyllands Posten adlı Danimarka gazetesinin Muhammed'in yüzü adıyla İslam peygamberini tasvir eden karikatürlerini yayınlamasıydı.

Bu olayın ilgi çekici yanı, tepkilerin aylar sonra bu karikatürlerin Ortadoğu'ya servis edilmesiyle başlamasıydı. Danimarka'da dahi pek okunmayan bir gazetede çıkan karükatürler bazı iddialara göre yüzden fazla kişinin ölümüne yol açan ve aylar süren protestolara neden olmuştu. Tüketici boykotunu da içeren bu protestolar bazı Danimarka firmalarının büyük zarara uğramasına ve Ortadoğu ülkelerinden çekilmesine de yol açtı.

Tahmin edersiniz ki protesto eden milyonlarca Müslüman bu karikatürleri hiç görmedi. Omar'ın çalışmasında gördüğü olaydan 13 yıl sonra hâlâ boykot edenlerin de önemli bir kısmı karikatürleri görmemişti. Freelonya'dan erişimi çok meşakkatli biliyorum, ama isteyen internet üzerinden bu karikatürleri görebilir. Bunlarda İslama saldırı görenlerin yeryüzündeki İslam devletlerini İslama hakaretten sonsuza dek boykot etmeleri gerekir.

İslami gelenekte karikatürden nefret etme olduğunu sanmıyorum. Hem Freelonya'dan hem Müslüman Ortadünya'dan pek çok örnek bulunabilir. Target Özel veya Küleyhan Demirbel'in Müslüman olmadığını iddia edemeyiz. Onlar hakkında çizilen karikatür ve yapılan hicivler dava edilseydi ikisi de karun kadar zengin olurdu, belki de oldular ama tazminat davalarından değil.

Freelonya'da asıl mesele tek adam ve partisinin iktidar zehirlenmesinde ulaşabileceği son noktanın ne olabileceği. Medyanın neredeyse tamamını gerek sermayedar olarak gerek davalarla ve ihalelerle kontrol altına almışsın; seçimlerde her ne olursa olsun yüzde 51'i şu veya bu şekilde garantiye almışsın...

Freelonya'da diktatoryal eğilim ve icraatleri duymayan kalmamış ama "diktatör" olmaktan ve "diktatör" denilmesinden de rahatsızsın ki bunu çok olumlu bir ipucu olarak görüyoruz artık... Freelonya Sultanı olarak uçan kuşa dava açmışsın. Lakin bütün muhalefeti hapse atarsan yine sana Freelonya'lı diktatör denmesinin önünü alamayız.

Organize olamayan bir baba muhalefet ve küçük bir Türt muhalefeti dışında pek bir derdin de yok... Freelonya Sultanısın ve elinde imkânın da var; olağanaltı hal kavramı anlamsızlaşmış; istersen bütün partileri kapatabilirsin de başlarına kayyum da atayabilirsin…

Peki ne istiyorsun? Bir Freelonya kararnamesi ile bildirirsen Freelonya'nın bekası adına elimizden geleni yapacağız, söz. Seçim falan da önemli değil. Zaten sandıktan ibaret "demokrasi" tek doğru yönetim şekli de değil. Sen nasıl bir şey istiyorsan söyle, öyle yapalım. Maksat bizi bir rahat bırak istediğimiz gibi yazıp çizip konuşalım. En nihayetinde memleketin adı boşuna Freelonya değil.*

İyi haftalar ve bol şanslar.

*Freelonya özgür yalnız ülke manasında yaklaşık 25 sene önce uydurduğum bir kelimedir.

Amerika'yı Protesto Etmek

13 Ağustos 2018

ABD Doları ve bilumum uluslararası para birimi karşısında son birkaç hafta içinde değerinin yaklaşık yarısını kaybeden Türk Lirası'na büyük darbe Trump'tan geldi. ABD Başkanı'nın "Türkiye ile şu an aramız iyi değil" twitinin ardından Türk Lirası bir gecede yüzde 20 değer kaybetti ve o günden beri "Dolar kaç lira olacak" diye fal tutuyoruz. Bu işin önemli ancak magazin kısmı. Düşüşün asıl nedeni Trump'ın Türk çelik ve alüminyum ürünlerine uygulanan gümrük vergilerini iki katına çıkarması.

Ardından muhafazakâr Türkiye'nin bilinen bir yüzü yeniden ortaya çıktı: protesto etme özrü. Hatırlarsınız portakal bıçaklayarak Hollanda'yı ve kola şişelerini yola boşaltarak ABD'yi protesto etmişlerdi. Umarım üzerine ABD bayrağı sarıp kendini yakanlar da çıkmaz.

Muhafazakâr sağ siyasetin iliklerine kadar Amerikancı olduğunu biliyoruz. Dolayısıyla onların protestoları hikâye. En nihayetinde onlar sol yumruğunu kaldırıp "6. Filo Defol" diyenlere karşı "komünistleri tutukladık, 6. Filo gelebilir" diyerek ABD'ye kollarını açan bir gelenekten geliyorlar. Ama onları destekleyen vatandaşın kesinlikle sıkı bir "protesto nasıl yapılır" eğitiminden geçmesi şart. Henüz ne tür bir yeni cumhurbaşkanlığı eğitimi uygulanacağını ve bunun kaç ay sıklıkla değiştirileceğini bilmiyoruz, ancak okullara zorunlu ders olarak konabilir. Gerçi insanlara protesto öğretmek hükümeti cezaevi kapasitesi açısından zor durumda bırakacaktır.

Klişe bir söz olacak ama kapitalizmi ve onu temsil eden siyaseti protesto etmeden Amerika'yı protesto edemezsiniz. Hikâyeden bir dava için ülkesini milletini bir gecede iki kat fakirleştiren bir hükümeti protesto etmeden kapitalizmi de Amerika'yı da protesto edemezsiniz.

Özelleştirme, meşru ve gayrimeşru sıcak para akışına dayanan kumarhane ekonomisi çökmüştür. Damat efendinin yeni model saçmalığı ülkedeki genel entelektüel çoraklaşmanın üst düzey yönetimdeki yansımasıdır. Çomarların, dalkavukların ve tetikçilerin biletinin kesilip işin ehli olanlardan yardım alınmalıdır.

Türkiye'de de dünyada da bol miktarda başarılı ve başarısız protesto vardır. İstabul'da, Londra'da, Roma'da Washington'da meydanları dolduranların başarısı, ardından gelen eylemler ve değişimlerle ölçülür. Irak işgalinden sonra Tony Blair'i götüren de Vietnam Savaşı'nı sona erdiren de bu protestolar ve artçı etkileridir.

Kısacası en iyi protesto, eylemdir. Sembolik ve komik eylemler de önemlidir ve dikkat çeker. Silah alıp dağa çıkmanız gerekmiyor. En kolayından başlayabilirsiniz. Sokaklara, meydanlara çıkın; seçimlerde bir daha size kişisel kaprisleri yüzünden ihanet edenlere oy vermeyin; sizi temsil edenleri, en yerelinden ulusalına kadar, kenara çekin, kulaklarını burun ve görevden alın. Bu arada dalkavuklara ve tetikçilere de kanmayın. Unutmayın onlar için önemli olan alacakları ulufedir.

Henüz hızla fakirleştirildiğinin farkında olmadan elinde avucundakinin yarı yarıya değer kaybettiğini göremeyenlerin dolar alıp yakmak türünden protestoları bırakmasını umuyorum.

İyi haftalar ve bol şanslar.

Amerikan Boykotu

20 Ağustos 2018

Geçen haftanın döviz krizinde Erdoğan tüketicileri ve kurumları Amerikan elektronik ürünlerini boykot etmeye çağırdı. Bunu yaparken isim vererek ABD kökenli akıllı telefon yerine Manisalı yerli markayı önerdi. Yerli ve millî markanın piyasa ederi aniden %10 dolayında değerlendi.

Boykot tavsiyesi ne kadar takip edilir ve yaygınlaşır bekleyip göreceğiz ama bu tür tüketici tavırlarının çok yıpratıcı etkiler yaptığı örnekler mevcut.

Eski öğrencim Omar Al Serhan doktora araştırmasını tüketici boykotu üzerine yaptı. Başarılı boykotlara baktığımızda en önemli özelliklerin başında basit, anlaşılır ve kolayca uygulanabilir olması gerektiğini görüyoruz. Hedefin net ve kolay bulunur olması gerek.

Örneğin İsviçre kökenli markanın bebek mamaları boykot edildiğinde ya da Amerikalı spor ayakkabı markası çocuk işçiliği yüzünden boykot edildiğinde tüketicinin işi kolaydı. Yakın zamanda İngiltere'de küresel bir kahve zinciri vergi kaçırma nedeniyle boykot edildiğinde de basit ve kolayca uygulanabilir bir eylem planı kendiliğinden ortaya çıkıyordu.

Bir ülkeyi boykot ettiğinizde işler zorlaşıyor. Muhammet karikatürleri nedeniyle Danimarka ürünleri boykot edildiğinde köken ülke küçük ve ürün yelpazesi dar olduğundan çok sorun yaşanmadı.

Amerikan elektronik ürünleri deyince ürün yelpazesi hem çok geniş hem çok karmaşık. Öncelikle ülkeyi protesto etmeniz zor. Çünkü ABD hem çok şeyin menşe ülkesi hem de pek çok ürün ya eşsiz ya da çok kaliteli.

Bunun içinden sadece akıllı telefon vs. gibi bir dar kategori seçince tüketici için kafa karışıklığı yaratıyorsunuz. Neden o değil de bu sorusuna yanıt vermek zor. Ayrıca hedef seçtiğiniz ürün menşei farklı pek çok parçadan oluşuyorsa ve ekseriyet Çin'de imal ediliyorsa kafalar daha da karışıyor.

ABD'li akıllı telefona bakarsak böyle bir kafa karıştırıcı durum olabilir. Velev ki bu tür bir boykot uygulanabildi, bu durumda ne olur?

Apple bu sektörde liderliğini yıllar önce kaybetmiş durumda. Küresel piyasa payı %10 dolayında. Piyasanın lideri Kore markası ve Çin kökenli yükselen bir başka marka önde gidiyorlar ve pazar payları artıyor. Çok büyük değişiklikler olmazsa ABD'li hedef marka zaten küçülme yolunda. Ancak boykot başarılı olursa ve dinî bir nitelikte kazanarak Ortadoğu'ya genişlerse çok uzun sürebilir ve özellikle hedef marka açısından ciddi olumsuz sonuçlar getirebilir.

Londra'daki Müslüman Arap göçmenlerin 2005 karikatürleri vakası üzerinden on yıl geçtikten sonra bile Danimarka ürünlerini boykot ettiklerini gözlemledik. Erdoğan'ın boykot çağrısı Türkiye sınırlarının ötesinde yankı bulursa ABD'li bazı patronlar, tasarımcılar ve Çin'in "ucuz" işçileri bu işten zarar görebilirler.

Boykot çağrılarına ve çağrıyı yapanların samimiyetine dikkat edilmeli. Ancak her protesto iyidir ve eğiticidir. Boykotunuz bol olsun.

İyi haftalar ve bol şanslar.

Yaz Saati Uygulaması

26 Mart 2018

Kanayan yaranızı kaşımak olacak, ama bu yaz saati uygulaması geldi çattı yine. İleri demokrasiden yeterince nasiplenmemiş ülkelerde saatler yine ileri alındı. Her yıl mart ayının son pazar günü başlayıp ekim ayının son pazarı sona eren yaz saati uygulaması yine gündemde. Avrupa'nın ve Amerika'nın da gündeminde.

Avrupa Parlamentosu 8 Şubat'ta aldığı bir kararla yaz saati uygulamasının gözden geçirilmesine karar verdi. Bakın görüyorsunuz Avrupa cidden kıskanıyor ve yine kopyalıyor! Şaka bir yana, özellikle Finlandiya'nın bastırmasıyla bu mesele yeniden masaya yatırılıyor. Finlandiya gibi ülkeler kutba çok yakın olduklarından uygulamanın anlamlı bir gün ışığı tasarrufu yaratmadığı ortada. Ancak asıl gerekçe bu değişimden dolayı insanların duygu durumlarının olumsuz etkileniyor olması.

Türkiye de emir büyük yerden gelince sonsuza dek yaz saati uygulamasına geçmişti. 28 Ekim'den itibaren de saatleri bir saat geri alarak muhtemelen sürekli kış saatine geçmeye hazırlanıyor. "Çocuklar gece karanlığında okula gidiyor" diyenler için sevindirici haber. Zaten aslolan kış saati, yazın günler uzun, okul yok, dert yok.

Memlekette kutuplaşma, cehalet ve bilgi kirliliği had safhada olduğu için her şey kalu beladan beri öyleymiş var sayılıyor. Uluslararası manzara da çok farklı sayılmaz; belki kutuplaşma detayı hariç. Öncelikle bu yaz saati uygulamasının çok eski tarihlere gitmediğini hatırlamak gerek.

Fikir olarak 18. yüzyıla kadar giden yaz saati ve gün ışığından daha fazla yararlanma önermesi uygulama olarak ancak I. Dünya Savaşı yıllarında karşımıza çıkıyor. Benjamin Franklin, şaka yollu da olsa, bu konuda ilk yazan kişi sayılıyor ve Nisan 1784'te Paris Dergisi'ne ışığın azalan maliyeti üzerine bir ekonomi projesi adlı bir mektup gönderiyor. İngiltere'de 1918'de başlayan uygulama Amerika Birleşik Devletleri ve Alman İmparatorluğu tarafından da aynı dönemde gündeme gelmiş. ABD'de karar eyaletlere bırakılmış ve bazı eyaletler uygulamayı hâlâ reddediyorlar.

Uygulamanın ardında Almanya'nın savaş sırasında enerji (petrol) tüketimini azaltarak orduya daha fazla kaynak ayırma hedefi yatıyor. Onun ardından da savaş halinde olan diğer ülkeler bunu geçici olarak uyguluyorlar. Aynı uygulama II. Dünya Savaşı'nda da karşımıza çıkıyor ancak savaştan sonra rafa kaldırılıyor. Avrupa'da 1973 Enerji Krizi ile yeniden gündeme gelen yaz saati uygulamasını bu kez Fransa başlatıyor.

Yaz saati uygulamasını savunanların en temel argümanı enerji tasarrufu ve gün ışığından daha çok faydalanmak. Karşı olanlar ise bu değişikliğin uzun vadede stres yarattığı ve kalıcı sağlık sorunlarına yol açtığını ileri sürüyor.

Gerçek şu ki yaz saati uygulaması dünya ülkelerinin sadece yarısı tarafından uygulanıyor. Çiftçilik ve tarım ile uğraşan nüfus açısından anlamı olan bir uygulama değil hatta olumsuz etkisi olabilir. Takdir edersiniz inekler sağılmak için saatlerin kaçı gösterdiğine pek bakmıyorlar; tarlada toplanmayı bekleyen ürün de öyle.

Avrupa Birliği geçen ay bu uygulamayı yeniden masaya yatırma kararı aldı. Avrupa Parlamentosu'ndan ezici çoğunlukla geçen kararın yaz saati uygulamasının sonunu getirmesi muhtemel. Ama tabii ki Avrupa Birliği kararları bir kişinin iki dudağında olmadığı için bu enine boyuna incelenecek, kanıtlar toplanacak ve tartışılacak.

Putin'li Rusya 2014 yılında sürekli kış saati uygulamasına geçti. Erdoğan'lı Türkiye bu saat meselesinde nereye yönelecek henüz belli değil. Ancak yaz saatine karşı direniş öyle sanıldığı kadar sınırlı değil ve dünyanın dört bir yanında bu uygulamaya karşı ciddi muhalefet var.

Bir de anlamadığım mesele neden tam saat ileri geri alıyorlar ki. Meridyen hesabıyla buçuklu bir şey bulunmalı ki ülke kendine özgü bir nitelik daha kazansın. Örneğin saatler 23 dakika ileri alınsın. Hem de böylece tüm dünya da haddini bilir. Düşünsenize İstanbul'da aktarma yapan tüm yolcular saatlerini önce 23 dakika farka göre ayarlayacaklar sonra uçaklarına binip yeniden ayarlayacaklar! Acayip etkili bir farkındalık kampanyası olur.

Neyse, saatiniz kaç olursa olsun şansınız bol olsun.

İyi haftalar.

Mugabe'nin 21 Stratejisi

11 Aralık 2017

Başucu kitapları ve havalimanı kitapları kategori olarak apayrı dursa da benzerliğinden şüphe ederim. Ciddi kitapları başucumda tutarsam uykum kaçar. Belki de kavram bizim endüstriyel koşuşturmacamıza uygun değil.

Uykusu gelsin diye kahve içen vardır. Korku filmi de denenebilir. Sesini kapatıp altyazı ile izlerseniz pek çok korku filmi yarısında uyutur. Bazen uyku kaçırsın diye "başucuna" kitaplar konabilir. Öyle vasat bir kitap buldum geçenlerde: Mugabe'nin 21 diktatörlük stratejisi başlıklı. Yazar John Chibaya Mbuya belli ki Zimbabveli muhalif birisi. Doktorasını İngiltere'de yapmış.

Kesin ona da "İngiliz ajanı" diyorlardır oralarda.

Yazar 21 maddede Zimbabve'nin iki hafta önce devrilen diktatörünü anlatıyor. Bunu yaparken aslında bir şablon da çıkarıyor. Bunu kullanarak bir diktatörlük ölçeği bile yaratılabilir.

Diktatörün stratejilerinin birincisi devletin tüm organlarını politize etmek. Buna örnek, anayasa mahkemesinden mahalle muhtarına kadar her yerde bir kutuplaşma yaratmak olabilir mi?

İkincisi, formda kalmak. Mugabe'nin son zamanlarda bütün mitinglerde, hatta kendi konuşmaları sırasında uyuyakalması bu prensibi giderayak ihlal ettiğini gösteriyor.

Üçüncüsü, gençleri güçsüzleştirmek. Ellerinden her türlü "gerçek" siyaset imkânını almak da buna dahil.

Dördüncüsü, kendini yeniden pazarlamak. Önce özgürlük savaşçısı, tutsak, sonra bağımsızlık lideri ve sonra beyazlara karşı toprak savaşı veren lider ve son demlerinde de ihtiyar diktatör olmak bu menüye uyar sanıyorum.

Beşinci kural basit. Devletin imkânlarını kullanarak oy çalmak.

Altıncısı, muhalefete karşı acımasız olmak.

Yedinci strateji altıncı ile karışıyor: Rakiplerini tehdit etmek, onlara davalar açmak, soruşturmalar açmak.

Sekizincisi denenmemiş taktikler denemek. Mugabe, Osmanlıcı veya Atatürkçü olmadı, ama eminim pek çok başka şey olmuştur ve onun da trol ordusu vardır.

Dokuzuncusu halka korku salmak: Orada burada bomba patlatmak, patlatılmasına göz yummak, darbe girişimlerini abartmak.

Onuncusu Orwell'in hayal gücünü gölgede bırakacak bir gözetleme sistemi kurmak.

On birincisi vatandaşını dilenci yapmak. Onlara en temel ihtiyaçlarını sadaka kıvamında dağıtmak buna örnek olabilir, ama makarna şart değil.

On ikincisi toprağı siyasi araç olarak kullanmak. Mugabe'nin esbabı mucibesi toprak reformu olduğu için bu önemli. Ama tahmin edersiniz ki topraktan betona veya asfalta geçiş o kadar zor değil. Bir diktatör duble yollarla Zimbabve'yi otoyol manyağı yapabilir.

On üçüncüsü sanayiyi sıkı kontrol altına almak. Bunun da bilumum yolları mevcut. Maliye müfettişleri, ihale tiyatroları ve paralel havuz medyası Zimbabve diktatörüne her türlü imkânı sunar.

On dördüncü strateji fabrikalara, işletmelere el koyma tehdidini kapsıyor. Zimbabve diktatörü ve diktatörün iktidar ajanları her an malınıza mülkünüze el koyabilir.

On beşincisi yine pek çoğumuzun iyi bildiği bir strateji: bütün anahtar pozisyonlara tanıdıklarını, eşi dostu atamak ve hepsini zengin etmek. Örneğin Mugabe'nin oğlu Batman'in ünlü arabası Batmobile ile Dubai'de okulunda arkadaşlarına gösteriş yaparken, damadı ve bilumum eş, dost, akraba, sosyal medyada lüks hayatlarını paylaşıyorlar.

On altıncı strateji devlet bankalarını kendi özel bankan gibi kullanmak. Her türlü kirli işini de bunlar üzerinden görmek.

On yedincisi ise kendi partine sadık bir ordu oluşturmak. Bunun adı Mugabe'nin 5. Tugayı'ydı.

On sekizinci strateji ise işler kötü gittiğinde İngiltere'yi suçlamak. Bu maddeyi çeşitli iç düşman-dış düşman soslu komplo teorileriyle zenginleştirmek mümkün.

On dokuzuncu strateji is rakiplerinin dengesini bozmak. Burada her yol mübah; kasetler, cinayetler...

Yirminci strateji halkını bir lokma ekmeğe muhtaç bırakmak. Bu yukarıdaki "halkı dilenciye çevirme" stratejisi ile el ele gidiyor.

Yirmi birinci strateji ise muhalifleri dövmek ve öldürmek. Buna genel olarak muhalefete eziyet de diyebiliriz. Bunun içine parti yöneticilerini hapse atmak, seçilmiş vekilleri tutuklamak, linç ettirmek ve daha nice yöntem giriyor.

Mugabe, 93 yaşında iktidarı ordunun zoruyla bırakmak zorunda kaldı. İktidarı böyle bırakmasa karısı veya yardımcısı tarafından el konulacaktı. Zimbabve onu kolay unutamayacak. Pek çok başka diktatör gibi dünyanın başka yerlerinde de hatırlanacak muhakkak.

Mugabe'nin diktatörlüğü iktidarının üçüncü döneminde, yani ustalık döneminde geldi. Bu "ustalık" döneminden uzak durmak gerekiyor belli ki. İcraatı diktatörlüğün alfabesine uygun oldu. Tek parti, tek lider, tek program dedi ve ulusunun güvenilir tek temsilcisi oldu. Bireysel özgürlükleri menüden kaldırdı. Biat, itaat ve ihbar esas oldu. Ulusunu yüceltti. Küba'ya cami yapmaya kadar gitmedi, ama peygamber olmasına ramak kala durdurdular. Askerlik ve savaş ana temalar oldu. Devletin bekası dindar nesillere havale edilirken her şey de devlete adandı. Kim muhalefet etmeye kalkarsa o devleti yok etmeye çalışıyor sayıldı.

Irkçılık da diktatörlerin göz bebeği. Mugabe'nin ırkçılığı ülkedeki beyaz azınlığa karşıydı. Otuz yedi yıllık iktidarı sonunda muhtemelen ne yaptığını hatırlamaz vaziyette tahtından indirildi.

Darısı başkalarının başına. Yukarıdaki 21 maddeden en az yarısını etrafınızda gözlemleyebiliyorsanız, yapayalnızsanız yere çökün, göz temasından kaçının ve sessizce oradan uzaklaşın. Çünkü Zimbabve'de olmayabilirsiniz.

İyi haftalar ve bol şanslar.

Darbeler ve Ayakla Oy Vermek

1 Ağustos 2016

İngilizce'de "ayakla oy vermek" diye bir deyim var. Bulundukları yerden memnun olmayanların başka yere göç etmesini kasteder. Bu memnuniyetsizlik çok çeşitli nedenlere dayanabilir. Siyasi, kültürel, ekonomik aklınıza ne gelirse. Darbeler, siyasi gerilimler, çatışmalar ve savaşlar da insanlarda derin bir güvensizlik duygusu oluşturduğu için bu gibi durumlarda kitelesel nüfus hareketlerine şahit oluruz.

Suriye'den son beş yıldır yaşanan sığınmacı akınları veya Irak'tan 25 yıldır devam eden göçler buna örnektir. Ancak bu kaçgöç durumu sadece sığınmacılarla sınırlı değildir. Sığınmacı konumuna girmeyen pek çok kişi de aynı ya da benzer rahatsızlıklardan dolayı göç eder. Sadece istatistiklerde farklı yerde rapor edilirler.

Türkiye'den sanayileşmiş ülkelere yönelen nüfus hareketlerinde de pek çok örnek vardır. Aynı biçimde, Türkiye'den Almanya'ya giden misafir işçiler arasında da pek çok siyasi mutsuz vardı. Bunu en somut olarak sanayileşmiş ülkelere sığınma başvurunda bulunmuş Türk vatandaşı sayılarında görebiliriz.

Neli Esipova ile birkaç yıl önceki bir çalışmada özetlediğimiz gibi 1980 darbesi sonrası otuz yıllık dönemde toplam 1.033.000 sığınma başvurusu Türk vatandaşlarınca yapılmış.* Bunun 503.000'i 1980'lerde, 196.000 kadarı ise darbeden sonraki 3-4 yılda gelmiş. Siyasi sığınma başvurularının 12 Eylül askeri darbesi ile doğrudan ilişkili olduğunu ve ekseriyetle darbenin hedef aldığı sol kesimlerden geldiğini varsaymak çok yanlış olmaz.

1991 yılında Almanya'yı ilk kez ziyaret ettiğimde Köln kentinde 12 Eylül'ün yıldönümünde onbinlerce insanın katıldığı protesto gösterileri yapıldığını görmüştüm. Bunu hatırlayınca 196.000'in çok daha üzerinde insanın darbeden ve baskıcı siyasetten kaçtığını söyleyebilirim. Zurnanın zırt dediği yer de burası. Türkiye'deki Suriyelilerin durumundan da bilebileceğiniz üzere, sığınmacı statüsü riskli ve göç eden kişiyi belirsizlik içinde bırakan bir statü. O yüzden insanlar, eğer imkânları varsa, darbeden kaçarken dahi

---

* Kaynak: Sirkeci, I., & Esipova, N. (2013). Turkish migration in Europe and desire to migrate to and from Turkey. Border Crossing, 3(1), 1-13.

öncelikle diğer kanalları tercih ediyorlar. İşçi olarak, öğrenci olarak veya girişimci olarak göç etmek gibi. Hatta "kaçak" statüsü dahi bazen daha elverişli olabiliyor. Özellikle pasaport almanın, vize almanın zorlaştığı ya da imkânsız olduğu durumlarda.

Bu sadece Türkiye için değil dünyanın her yerinde benzer işleyen bir süreç. Örneğin Türkiye gibi darbeleriyle ünlenmiş "dost ve kardeş ülke" Pakistan'dan dönem dönem artan sığınma başvuruları görüyoruz. Çok sık darbe görülen bazı Afrika ülkelerinden neredeyse düzenli sığınma başvuruları görüyoruz. Darbelerin yaşandığı ya da baskıcı hükümetlerin olduğu ülkelerde her daim yüksek göç etme eğilimi olduğunu biliyoruz. Buna göçün 3D modelinde "demokratik açık" adını veriyorum. Yani sistemde temsil edil(e)meyenler ülkeyi terk etme eğilimi gösterebiliyor. Bunun sadece bir yolu sığınma başvurusu yapmak.

Almanya başta olmak üzere pek çok Avrupa ülkesinde Türkiye'den olası bir sığınmacı akını tartışılmaya başlandı bile.

Mesele burada bitmiyor. Son üç yılda Türkiye'de görülen baskıcı siyasete istinaden zaten görmeye başladığımız "beyin göçü" de bu resmin bir parçası. Bunu, Avrupa ve Amerika'daki akademisyen arkadaşlardan da duyuyorum, birinci elden de şahit oluyorum. Yüzlerce Türkiyeli akademisyen yurt dışında çıkmak için yol bulmaya çalışıyor.

Bu eğilim malum bildiriyi imzalayan akademisyenlere yönelik baskılarla zaten güçlenmiş idi. 15 Temmuz başarısız darbe girişimi sonrası başlayan operasyonlarla doruk noktasına ulaştı. Gülen'in üniversitelerinde çalışanlar özellikle mağdur oluyorlar. Bunların topyekûn darbeci muamelesi görüp mağdur edilmesi kabul edilemez. Aralarında ne darbeyle ne de Gülen ile alakası olmayan bilim insanlarının durumunu "kurunun yanında yaş da yanar" diyerek geçiştiremeyiz.

Bu bir nevi akademik soykırım, sadece Gülen okulları ile de sınırlı değil. Kamu üniversitelerinde de "ayıklama" operasyonu aynı sonuca varıyor. Daha da önemlisi bu ayıklamaların ve hükümet lehine tavır alma baskılarının yaygınlığı, bilim insanları için genel bir akademik güvensizlik ortamı yaratıyor ve bu pek çok genç akademisyenin kariyerini yok ederken Türkiye'ye de uzun yıllar tedavi edemeyeceği yaralar verecek.

Son yıllarda Türkiye'ye çok sayıda akademisyen dönüş yaptı, doktorasını yurt dışında tamamlamış Türkler geri döndü, Türkiye çalışan araştırmacılar Türk üniversitelerinde çalışmaya gitti. Bu süreç darbe sonrası baskıcı ortamda tamamen duracaktır ve uzun süre de geri dönmesi zor. İnsanların Antalya veya Bodrum'daki tatillerini iptal ettiği bir ortamda başka bir sonuç beklemek de saflık olur.

İyi haftalar ve bol şanslar.

Burkina Faso'da Darbe ve Kahraman Freelonialılar

15 Ağustos 2016

Afrika, dünya coğrafyasında olduğu gibi darbeler tarihinde de maalesef geniş yer kaplıyor. Son altı yılda, dünyada 30 tane darbe ve darbe girişimi olmuş ve bunların 25'i Afrika ülkelerinde. Ugandalı İdi Amin, belki de Afrika'nın darbecilerinin en tanınmışı. Tanınmışlığı tabii ki İdi Amin'in barbarlığından, mezaliminden ötürü. Ancak Afrika'nın son darbesi, 2015'te Burkina Faso'da. Ülkenin adı fasa fisoyu çağrıştırsa da darbe gerçek.

Burkina Faso'da darbeciler, yaklaşık yedi gün kontrolü ellerinde tutuyorlar. "Demokrasi İçin Konsey" kuruyorlar. Bu darbecilerin demokrasi takıntısı da ilginç bu arada. Neyse, darbenin bir lideri var; adam devlet başkanı muhafız birliğinin başı. Bakın taa nerelere sızmışlar! Albay Mamadou Bamba, ulusal televizyondan darbeyi ilan ediyor. Ardından, darbeciler, devlet başkanını, başbakanı ve bakanları tutukluyorlar.

Darbenin lideri General Gilbert Diendéré, bizim Evren gibi, kendini demokrasi konseyine başkan atıyor. Bir hafta sonra ne oluyorsa, duygusal general özür dileyip yönetimi sivillere teslim edeceğini ilan ediyor.

İddiaya göre, darbenin arkasında devlet başkanının, görev süresini gayrimeşru bir biçimde uzatmaya çalışması yatıyor. Ama ilişkiler çok tuhaf. Darbenin lideri general Gilbert'in karısı iktidar partisinden milletvekili Fatoumata Diallo Diendere. Böyle, bir dizi tuhaf ilişki var işin içinde.

15 Temmuz sonrasında Türkiye'de olduğu gibi, halk sokaklara çıkıyor ve darbecilere direniyor. Burkina Fasolular daha şanslılar; 250 kadar kişi yaralanırken, sadece 10 kişi hayatını kaybediyor. Ama darbeci askerleri durduran halk, hükümete tepkili. Askerlere karşı durup direnenlerden birisi de 27 yaşındaki mühendislik öğrencisi Romuald Ouedraogo.

BBC'nin aktardığına göre, sokaklara dökülen halkın geneli gibi Ouedraogo da hükümetin yozlaştığını ve yolsuzlukların kabul edilemez olduğunu düşünüyor: "İktidar; ülke, babalarından miras kalmış gibi davranıyor. Bazı bakanlar, devlet başkanının kızı Cemile'nin, babasının yerine başkan olmasında bir sorun olmadığını bile söylüyorlar."

Askerlere kahramanca karşı koyan sade vatandaş Ouedraogo, kendisini "halkın askeri" olarak gördüğünü söylüyor ve bir nevi milyoncuklar ve gemiciklerden bahsediyor: "Sonunda anladık ki iktidarı ele geçirmiş otuz kadar kişi, halkın kanını emerek zengin olmuşlar." Burkina Faso'nun darbe direnişi, bize hem darbeye karşı tankların önüne yatan, hem de Gezi protestolarında TOMA'lara direnen kahramanları hatırlatıyor.

Burkina Faso'da işler böyleyken, yine böyle zayıf devletlerden Freelonia'da bir başarısız darbe girişimi oluyor. Freelonia, hasbel kader ekonomisini, siyasetini yoluna koymuş orta halli bir ülke. Freelonialılar da tutkulu insanlar. Darbe girişimi olunca "bizim askerimiz" falan diye gözünün yaşına bakmadan ayağa kalkıyorlar. Freelonia halkı, akıllı telefonlarıyla, sosyal medyasıyla, tankıyla, topuyla kahramanca direniyor ve devlet başkanı önderliğinde iktidardaki ÇOK parti, darbeci temizlik operasyonuna girişiyor.

Temizlenenlerin hemen hepsi ÇOK partiden eski dostlar ahbaplar. Binlercesi tutuklanıyor ve on binlercesi askıya alınıyor. Darbeciler bütün devlet kurumlarına sızmışlar. Bu arada, 15 yıla yakın iktidar süresinde, tek parti olarak ÇOK parti, devleti parti merkezlerinden idare eder duruma gelmiş Freelonia'da. Bir nevi kuvvetler birliği oluşmuş ülkede. Bizde, o sıkça hatırlanan 1930'lar 1940'ların tek parti iktidarı gibi yani.

Freelonia'nın muhalefet partileri YOK parti ve MOK parti de halkın yanında yer almış. İkisi de asla iktidar olamadıkları için, ÇOK partinin devlete sızanları temizleme operasyonlarından da etkilenmiyorlar. Yani iki muhalefet partisi de bir nevi temiz çıkıyor bu belalı durumdan. Normal şartlarda, bunlar güçlü muhalefet partileri olsalar, hemen yakalarına yapışmak gerekirdi. Sonuçta insan, "bu partiler iktidarı ele geçirmek istiyor olsalardı, darbe girişimin arkasında da olabilirlerdi" diye düşünüyor. Velhasılı kelam, iktidardaki ÇOK parti elinden geleni yapıyor. Ve ordu, adalet sistemi, polis ve bakanlıklar bu sızıntılardan temizleniyor.

Sızıntı muazzam: Yüksek mahkemeleri, ordudaki komuta kademesini ve hatta kiliseleri ve papaz okullarını bile ele geçirmişler. Burkina Faso'ya mesafe olarak uzak olsa da duygusal olarak yakın Freelonia. Darbecilere teslim olmak yok artık diyorlar ve direniyorlar.

Freelonialılar, her sabah çok erken kalkıp, nöbet tutuyorlar vatanı savunmak için. Sızıntı operasyonu ÇOK partiye sıçrarsa diye de korkuyorlar bir yandan. Freelonialıların en büyük derdi, birlik beraberlik bugünlerde. Sarı kırmızı bayraklarıyla birbirlerini kucaklıyor ve aralarında fısıldaşarak sızıntının ÇOK partiye ulaşmamış olmasını umut ediyorlar. Ama içlerine bir kurt da düşmemiş değil. İnsan ister istemez düşünüyor, bu Freelonialıların haline bakıp sahiden, bu devletin her yerine sızanlar maazallah ÇOK Parti'ye de sızmış olmasınlar?

İyi haftalar ve bol şanslar.

Özgürlük, Adalet ve Masumiyet Karinesi

12 Eylül 2016

Geçen hafta Türkiye sürpriz olmayan bir kanun hükmünde kararname ile sarsıldı. Yenikapı ittifakı, yerini kindar bir rahatlamaya bıraktı. Birkaç gün sonra Papa Francis, Rahibe Teresa'yı muktedirlere karşı yoksulların yanında yer alıp direndiği için azize ilan etti.

O sıralarda Orta Asya'nın kadim "demokrasilerinden" birinde halkın oyunun yüzde 91'ini alan bir büyük "demokrat" öldü. Özbekistan'ın devlet başkanı Kerimov, 1989'dan beri "demokratik" bir biçimde iktidardaydı. Gorbaçov'un atadığı Kerimov, en son 2007 seçiminde oyların yüzde 91'ini aldı. Ülkedeki "ileri demokrasi", Kerimov'un kendi kızını ev hapsine aldırmasına kadar vardı. Bu aşırı demokrasi ortamında Gulnara Kerimov, babasının ardından belki devlet başkanı bile olabilir. Batıda ona herkes tereddütsüz diktatör diyor; talihsiz bir dil sürçmesi.

Hatırlarsanız komşu ülkenin devlet başkanı, Gurbangul Berdymukhamedow da Ocak ayında sigara satışını kanun hükmünde kararname ile yasaklamıştı. Sigara içmek belki hâlâ mümkündür ama riskli olduğu kesin. Türkmenistan basın özgürlüğü sıralamasında Kuzey Kore ile birlikte başı çekiyor. Gurbangul 2007'de %89 ile perçinlediği başkanlığını 2012'de %97'yle ölümsüzleştirdi. Muhtemelen 2017'ye kadar geri kalan %3'ü de "ikna" edecektir.

Türkiye'nin doğusunda bu aşırı demokratik gelişmeler olurken, kanun hükmünde kararname ile işlerinden atılanlar için karanlık bir dönem başladı. İhraç edilenler içinde Kürt milliyetçileri var, sosyalistler var, mutlaka bol miktarda Fethullahçı da var, ancak belli ki en çok da gariban insan var. Devlet okuma ve barınma imkânı sağlayamadığı için bu cemaatin kucağına düşmüş olan bir sürü gariban; devlet bu cemaate polisi, orduyu ve bakanlıkları teslim ettiği için, iş bulma umuduyla bu cemaatin ağına düşmüş bir sürü gariban.

Bu cemaatin kötülüklerini saymakla bitiremeyebiliriz, ancak kötülüklerin sorumlu liderleri kimler? Bunların peşine kim düşecek? Ya da düşecek mi? 15 Temmuz'da belli ki kırk bin ya da yüz bin kişi darbe yapmaya kalkışmadı. Bunların hepi topu ordu içinde etkisiz küçük bir grup olduğu ortaya çıktı.

Darbecileri yakaladıktan sonra bu kitlesel imhanın sonunda ne kazanılacak? Kurunun yanında yaş da yanar diyerek sineye mi çekmek lazım?

Hafta sonu sosyal medyada dolaşan pek çok dilekçe gördüm. Sahip çıkmak önemli. Ancak sahip çıkarken 5-10 akademisyenin adını zikredip bunların FETÖ ile ilişkisi yoktur, yanlışlıkla o listede yer almışlar demek binlerce başka akademisyeni töhmet altında bırakmıyor mu? Masumiyet karinesi akademide ve hatta sol muhalif akademide de mi tedavülden kalktı? Ya vicdan?..

Bir bilim insanı olarak Türkiye'de üniversitelerin ve akademinin genel durumunun ne kadar sorunlu olduğunu biliyorum. Standart altı çok fazla kurum ve titr sahibi kişinin varlığı da malum. Ancak üniversitelerin ve akademisyenlerin işlerini yapabilmesinin en önemli koşulu huzur ve akıl serbestliği. İhbarperverliğin hızla itibar kazandığı bir ortamda, geçmişte yapılmış ahlaksızlıkları yeni ahlaksızlıklarla örtmemek gerek. Hırsızların ve çetelerin ve cemaatlerin, üniversiteye ve diğer kurumlara hakim olmasını önlemek gerek. Cumhurbaşkanı'nın hedefi buysa hep birlikte destek olmak lazım. Ama bu cemaat gidip yerine başkası geliyorsa ve siz de sadece kendi çetenizi kurtarmaya çalışırken genel adalet buharlaşıyorsa dönüp savaş tarihini yeniden okuma zamanı çoktan gelmiş demektir.

İyi haftalar ve bol şanslar.

"Solcular" Neyin Peşinde?

19 Eylül 2016

Genel olarak özgürlükçü veya solcu değilseniz aydın olmanız da bilim insanı olmanız da çok zordur. Çünkü şu veya bu şekilde soru sormak ve eleştirmek her iki konumun da vazgeçilmezleridir. Bu iki işi yapmıyorsanız en fazla tetikçi ya da yalaka (ya da yandaş, yancı vs.) olursunuz.

Etrafta bol miktarda bu aydın ve bilim insanı olamayanlardan var. Bu "olamayanlar" "15 Temmuz başarısız Darbe Girişimi"nden bu yana anlaşılır bir biçimde "solcu aydınlara" çatıyor. Vay efendim neden onlara sahip çıkılmıyormuş.

Önce bir konuyu netleştirelim. Solcular, devrimciler her daim darbelere karşıdır. Darbenin nevi önemli değil. Bunun için en azından üç çok sağlam nedenleri vardır: Birincisi tüm darbeler solcuları, devrimcileri, kabaca eleştiren herkesi yok etmeye çalışır. Temel nedeni de yukarıda bahsettiğim vazgeçilmezlerdir. Çünkü gerçek aydınlardan ve bilim insanlarından herhangi bir iktidarın "tetikçi" ve "yalaka" devşirmesi ya imkânsız ya da çok zordur.

İkincisi darbeleri yapanlar genel olarak entellektüel ortamı iğdiş ederler ve olmamasını yeğlerler. Yakın ve uzak tarih bunun örnekleriyle doludur. Kısaca darbelere "en iyi aydın ölü aydındır" felsefesi hakimdir. Öldüremedikleri durumda da hapse tıkarlar. Darbeci otoriterler tetikçiler ve yalakalar dışında soytarı istemezler etraflarında. Espri yapmak mümkün olmaktan çıkar.

Üçüncüsü bütün darbeler ya demokrasilere karşıdır ya da var olan diktatörü bir başkası ile değiştirmek amacı güder. Bazı Afrika ve Latin Amerika ülkelerinde bunun birçok örneğini bulabilirsiniz. Darbeler gazeteleri, sendikaları, meslek örgütlerini, siyasi partileri ve genel olarak eleştirel olan tüm sivil toplum örgütlerini hedef alırlar.

12 Eylül'ün 36. yıldönümünden bir hafta sonra Türkiye'ye bakınca yukarıdakilerin her birine yakın tarihten örnek bulmanın mümkün olduğu görülür. 12 Eylül bir kitlesel kıyım makinesiydi. On binlerce "solcu" tutuklandı, yargılandı, işkenceden geçirildi ve bir o kadarı da

sürgün oldu. Milyonlarca insan fişlendi, evler, işyerleri polis ve jandarma tarafından basıldı. Hem içerdekiler hem dışardaki aileler işkence gördü.

"15 Temmuz başarısız darbe girişimi"nden sonra bir yandan iktidar taraftarları "solculara" saldırıyor, bir yandan da cemaatçiler. İki tarafın da derdi aynı. Vay efendim bak mağdur olduk, solcular bizi niye savunmuyor! Herkesin bu işi "solculardan" bekliyor olması gurur duyulacak bir şey. Demek ki onca yıldır hep doğru yapılmış, doğru yerde durulmuş. Tetikçi ve yalaka işi kendinden bildiği için kendi savunmasına da güvenmiyor. Başka bir yerde temize çekilmek istiyor. Bunu da solcular yaparsa çok mutlu olacak. Ama alışkanlık işte, solcuların bunu da sonsuza dek yapmasını istiyor. O yüzden Yenikapı Mitingi'ne katılmış Kılıçdaroğlu, sonra dönüp eleştirince fena halde bozuluyor.

Cemaatçi birtakım gazeteciler de, tetikçilik günlerinden kalma eski alışkanlık olsa gerek "solculara giydirmeye" çalışıyorlar. Vay efendim, niye savunulmuyormuşlar, iktidara teslim olunmuşmuş vs.

Bütün bunlar hayal. Gerçek şu ki "solcular" darbelere ve darbecilere hep karşı çıktılar ve darbecilerin çirkinliklerini, yanlışlarını ifşa ettiler. Bugün de durum farklı değil ve her zamankinden çok daha ağır koşullarda bu duruş devam ediyor.

İktidarın ve muktedirin savunulacak bir yanı yok. Zaten "başarısız bir darbe girişimi"nden bahsediyoruz ve bunun önlendiği apaçık ortada. Bundan öteye bir savunma ihtiyacı yok. Aydınların birinci görevi de her zamanki gibi iktidarı eleştirmek. Bundan aşağısı kurtarmaz; tetikçiliğe yalakalığa girer.

Cemaatçi "mağdur" için ise yapılacak birinci iş kocaman bir özeleştiri ve özür. İş ahlakı gereği yıllarca birlikte çalıştıkları iktidar partisi kardeşlerine "yamuk yaptıkları" için onlardan özür dilemeleri gerekir. Yılların hatrı vardır. İkincisi, mecburiyetten yurtlarına, okullarına, burslarına muhtaç kalmış ve onlar yüzünden bugün zarar gören gariban ve talihsiz insanlardan özür dilemeliler. Üçüncüsü, tetikçi ve yancı gazeteciler ve benzeri olarak yıllarca zarar verdikleri, saldırdıkları ve hâlâ saldırmaya çalıştıkları "solcu" aydınlardan özür dilemeliler. Bir de son yirmi yıldır neler yaptıklarını anlatırlarsa çok güzel olur.

Şimdi biz Kenan Evren'e neden sahip çıkamadık ve fakir hastalandı, öldü gitti anladınız mı?

İyi haftalar ve bol şanslar.

Demokrasiyi Kutlamak

17 Temmuz 2017

Siyasetin en kirli yanlarından birisi bir şeyleri kutsallaştırma çabasıdır. Bunda çok başarılı olanlar kutsamayı yasalaştırmayı da başarırlar ve ondan sonra artık sadece "kutlama" kalır geriye. O konuyu bir daha açamazsınız, tartışamazsınız, eleştiremezsiniz.

Demokrasi de kısmen böyledir. Özellikle az gelişmiş, ya da gelişmekte olan diyelim dünyanın demokrasi fukarası ülkelerinde böyledir. Seçimlere ve hatta çok kötü icra edilen, her türlü dalaverenin döndüğü seçimlere indirgenmiş "demokrasi" dahi eleştirilemez. Pek yakından gördüğümüz üzere bu yöndeki bir eleştiri sizi hemen "darbeci" veya "Ergenekoncu" yapabilirdi.

Şimdi o darbe köprülerinin altından çok sular aktı, üzerinde yağan yağmurlarda birlikte yürüdü ve gelinip "FETÖ" diye bir oksimorona takılındı. Artık kimse "Ergenekoncu" olamıyor bu yüzden.

Şıkır şıkır işleyen bir demokraside kim darbeden yana olabilir ki? Temsiliyet sorunu olmayan, tarafların birbirini dinlediği ve kabul ettiği, uzlaşının arandığı bir ortamda kim neden askerî ya da Pensilvanyalı imam istesin başına.

İşleyen bir demokrasiyi baltalayan bütün darbeler kötüdür!

İşlemeyen ve demokrasiyle çok da alakası olmayan sistemlerde ise bir sürü darbe olur, karşı darbe olur ve sıklıkla at izi it izine karışır. Misal Burkina Faso. Afrika'nın bu güzide fakat pek yoksul ülkesi muhtemelen dünya rekorunu elinde bulunduruyor darbe konusunda. Darbe aralarındaki yönetimlerin berbatlığı darbelere olan kızgınlığı nötralize etmiş.

12 Eylül 1980 darbesini ve sonrasını yaşayanlar bilir; Özal ve darbeci Evren pek çok kişi tarafından alkışlanmıştı. Hayır demenin neredeyse suç olduğu referandumları o zamandan bilir Türkiye. Ancak evet diyenlerin de hepsi zorla evet demediler.

Demokrasiyi kutlamadan önce ne olduğunu anlamalı ve hayata geçirmeli. Ondan sonra kutlanacak ne var ona bakıp karar verilebilir.

Türkiye'ye "demokrasi" 15 Temmuz 2016'dan sonra geldiyse -ki bu yönde bir iddia mevcut- bu bizim Avrupa'da bildiğimiz demokrasilere pek benzemiyor. O günden bugüne birtakım diplomatlar, generaller dahil 13.000 dolayında vatandaş yurt dışına kaçıp siyasi iltica başvurusunda bulunmuş, cezaevindeki bağımsız gazeteci nüfusu dışardakini aşmış, binlerce akademisyen dahil 170.000 dolayında insan işinden atılmış, kovuşturmaya uğramış, tutuklanmış, ana muhalefet partisi lideri siyaset alanı açabilmek için 450 km yürümüş ve yol boyunca taciz ve hatta tehdit edilmiş, ikinci büyük muhalefet partisinin vekiller dahil lider kadrosu hapse atılmış, "darbe girişimine" kurmaca demek yasaklanmış... Liste uzun. Belli ki bizim bildiğimiz cinsten bir demokrasi değil kastedilen.

Yanlış anlaşılmasın kimsenin kutlamasının tadını kaçırmak niyetinde değilim, ama arada soran oluyor "Hocam oradan nasıl görünüyor burası?" diye. Onlara cevaben yazıyorum ve "futbolun ve demokrasinin beşiği" İngiltere'den kıskanarak bakıyorum.

Bizim buraların önemli muhalif, solcu gazetesi Guardian darbe girişiminin yıldönümünde sayfalarını aşırı demokratik biçimde Türklere açtı: Görüş köşesinde Erdoğan ve Yorum köşesinde Kılıçdaroğlu'ndan birer makale yayımladılar. Kılıçdaroğlu her zamanki gibi "adalet" olmalı, "gerçek demokrasi olmalı", "iktidar partisi Gülen'i yıllarca destekledi" ve benzeri "sıradan" eleştiriler getirmiş. Erdoğan da "adalet ilkemize hâlâ bağlıyız", "Batı ya bizi desteklemeli ya da darbecilerin yanındadır" demiş.

Bir ülkenin ana muhalefet liderinin ve devlet başkanının bir başka ülkenin solcu gazetesinin yorum-görüş köşesinde destek aramaları tuhaf ama anlaşılır. Kılıçdaroğlu'nun durumu daha anlaşılır: Partisi sosyalist enternasyonal üyesi ve solcu bir "yoldaş" gazetede yorum yayımlıyor. Ancak Erdoğan, İngiltere'nin iktidarda bile olmayan solcu okurlarına bu kanalla ne mesaj vermek istiyor? Herhalde dertleri yüzde 70'i sandığa gitmeyen bir avuç Türk asıllı göçmenin oyunu kazanmak değil.

Şimdi bu gazetelere ve hatta BBC'ye yakın bir süre önce "darbeci" vs diyen birisi Guardian'da makale yayımlayınca ne düşüneceğiz? Erdoğan'ın makalesinde dediği gibi "olan bitenin önemini tam olarak anlamaktan yoksun" bir İngiliz hükümeti, kamuoyu ve basını mı mevcut? Türk büyükelçileri muhakkak ellerinden geleni yapıp anlatmışlardır durumu tüm dünyaya. Yoksa onlar da Erdoğan'ın iki buçuk milyon sığar dediği meydanda sadece 175.000 insan var diyen İstanbul Valiliği gibi eksik işlem mi yaptılar? Yine de demokrasi korumaya ve kutlamaya değer. Kutlu olsun.

İyi haftalar ve bol şanslar.

Yürümenin Anlamı

3 Temmuz 2017

Epeydir hepimize bir çip taktılar ve bu çipler iyice kontrolü ele geçirdi. Akıllı telefonum her sabah uykumun hesabını sormakla kalmıyor, aynı zamanda sürekli adımlarımı da sayıyor. Lokmalarımı saymaya da hevesli ama onun için daha vakit var. Arada biraz fazla yürüyünce de ışıklı janjanlı tebriklere, kutlamalara geçiyor.

Adalet için yürüyenlerin akıllı telefonları da muhtemelen mutluluktan uçmuştur iki haftadır. Şaka bir yana bu uzun yürüyüşün anlamı nedir? Daha genel olarak protesto yürüyüşlerinin anlamı nedir? Neyi değiştirir bu yürüyüşler?

Bu sadece farkındalık yaratmayı amaçlayan bir siyasi reklam mıdır? Kim katılır ve niye katılır bu yürüyüşlere?

Kime ne faydası vardır?

Belki de tersinden bakmak gerek. Bu soruları kim seslendirir? Devlet, hükümet, yerel yönetimler bu yürüyüşlerden neden rahatsız olurlar?

Bu yürüyüşlere eskiden sıkça katılanlar bilir. FETÖ'cü ya da değil Türk polisi bütün gücüyle ve hainliğiyle yürüyenlerin kafasını kolunu kırmıştır. Sivas Katliamı'nın protesto mitingi dağılırken kırmıştır, 1 Mayıs kutlamaları dağılırken kırmıştır, Gezi protestolarında kırmıştır… Her zaman kırmıştır ve bazen de öldürmüştür. İşi cinayete kadar vardıran rahatsızlığın altında yatan nedir?

Muktedirin korkusu tarihsel. Rus Devrimini yapanlar da, Gandi de, kadın hakları savunucuları da, Amerika'da siyahlar da bu tür yürüyüşlerin etkisiyle bir şeyleri değiştirdiler. Birçok yürüyüşün kısa vadede olumlu bir etkisi yokmuş gibi görünür. Hatta demokratik olmayan ülkelerde bu yürüyüşler daha baskıcı uygulamaları da beraberinde getirebilirler. Ancak orta ve uzun vadede bunların hayatı iyileştirici yönde mutlak bir karşılığı vardır. En devletli yürüyüşlerin de, devlete en uzak yürüyüşlerin de insan hayatına dokunan bir yanı vardır.

Kimisi bu yürüyüşlerde pozitif bir enerji görür, yaratıcılık bulur. Kimisi içini döker boşaltır. Mutlaka hayatta bir karşılığı vardır bu yürüyüşlerin. İnsan kendini iyi hisseder. Doğru ve duyarlı davrandığının farkına varır. Kolay değildir siyasi yürüyüşlere katılmak. Öyle seçim mitingine gidip beleş köfte ekmek yemeye benzemez. Pasif bir oburluk hali değildir. Bir şey yapman gerekir. Liderin karizmasından ziyade katılanın bedeninde, ruhunda bir harekettir. Patron istedi diye, belediye gönderdi diye mesai yapar gibi katılınmaz yürüyüşlere.

Eskiden yürüyüşlere katılanların sayısı azdı; muhtemelen her şehirde, her kasabada üç aşağı beş yukarı, müdavimler birbirini bilirdi. Zaten bilmeyen kafasında veya orasında burasındaki dikiş izlerinden anlardı.

Şimdilerde katılım arttı. Kılıçdaroğlu'nun Adalet Yürüyüşü'ne on binler katılıyor. Gübreye çamura aldırmadan insanlar katılıyor ve yola devam ediyorlar.

AKP'nin ironik bir biçimde Türkiye siyasetine katkısı bu oldu. Eskiden sadece sosyalistler, Aleviler ve Kürtler polis zulmüne ve belediye çirkefliğine maruz kalıyordu şimdi kitleselleşti; Halk Partilisi, milliyetçisi, vicdan sahibi dindarı, aklınıza kim gelirse, hepsi bu zulme ve çirkefliğe maruz kalıyor. Kılıçdaroğlu'nun yanında iki haftadır yürüyen Hıdır Aydur, yürüyüşe katılmasını "Demokrasimizi kaybettik ve onu geri istiyoruz" diye ifade etmiş. Çok değerli bir şeylerinizi kaybetmediyseniz zaten kolay kolay katılmıyorsunuz bu yürüyüşlere.

Neden yürüyüşlere katılınır, neden protesto edilir sorusuna bir başka yanıtı, Ocak ayında Donald Trump'ın seçilmesini protesto eden kadınlara katılan gazeteci Kate Maltby vermişti: "Bugün yürüyoruz, çünkü yürümezsek yapabileceğimiz tek şey, her gece yastığımıza sarılıp sessizce çığlık atmak."

İyi haftalar ve bol şanslar.

Türkiye'nin Millî Sporu: Komplo Teorileri

2 Ekim 2017

Birkaç günlüğüne Londra'daki fanusumu terk edip memlekete gittim. Tabii ki her gün yeniden bozulup kurulan, değişimlerle baş döndüren memleket beni de çarptı. Bütün bu değişim dönüşümün içinde neredeyse hiç değişmeyen bir şey var: komplo teorilerine olan muazzam yaygın inanç.

Kimle konuşsanız, hangi konuyu konuşsanız hep bir "büyük oyun" var. "Bunlar emperyalizmin oyunları" sözü bu yaygın komplo teorileri yanında epeyce bilimsel bir önerme sayılır. Orta zekâlı bir Neandertalin on saniye düşünse vazgeçeceği komplolar üzerine saatlerce konuşulabiliyor. Mesele genelde bir İsrail ve Amerika ortaklığına Kürt sosu, Arap sosu veya Ermeni sosu ile önünüze geliyor.

Genel bazı eğilimler görülebilse de burada şu veya bu siyaseti takip edenleri de ayırt etmek pek mümkün değil. Sorun siyasetin tepesinden sokakta olmayan vatandaşa kadar yaygın. Sadece Türkiye'de değil pek çok başka ülkede de komplo teorileri çok yaygın. Örneğin, Amerikalıların %50 ila 70'i en azından bir komplo teorisine inanıyormuş.

Komplo teorileri üzerine yapılan araştırmaların bir kısmı da bunu belirtiyor. Şikago Üniversitesi'nden Oliver ve Wood 1.935 kişi ile görüşerek yaptıkları çalışmada sıradan komplo teorilerine inancın otoriterliğe daha yakın olanlar ile diğerleri arasında eşit oranda kabul gördüğünü tespit etmişler. Daha ideolojik komplo teorilerine ise muhafazakârlar arasında daha çok rağbet edildiğini bulmuşlar.

Jolley ve Douglas'ın PlosOne'da 2014'te yayınladıkları ve İngiltere'de yapılan bir çalışmaya göre de aşılarla ilgili komplo teorileri ciddi biçimde pek çok kişinin çocuklarına aşı yaptırmamasına yol açıyormuş. Yani milyonlarca çocuğun hayatı riske atılıyor.

İngiltere'de yapılan başka bir çalışma da komplo teorilerine inancın siyasete katılımı düşürdüğünü, analitik düşünme becerisinin ise komplo teorilerine inancı azalttığı tespit edilmiş. Bu bize çözümün kısmen de olsa nerede olduğunu gösteriyor. Yani daha iyi ve yaratıcı, analitik düşünmeyi geliştiren eğitim yaklaşımı bu absürdistan sporunu zayıflatabilir. Siyasete doğrudan katılım da komplo teorilerine inancı azaltacaktır. Sonuçta ne yaparsa yapsın seçim sonuçlarının değişmediğini gören göbeğini kaşıyan adam için komplo teorilerinden başka bir sığınak bırakmazsanız bu inançlar güçlenir.

Türkiye'de -Avrupa ve başka gelişmiş ülkelerden farklı olarak- komplo teorileri merkez dediğimiz çoğunluk içinde yaygın kabul görüyor. Başka ülkelerdeki çalışmalar komplolara inancın aşırı sağ ve aşırı sol seçmen arasında yaygın olduğunu ve bunun belli bir düşünme yapısına dayandığını ileri sürüyor. Başka ülkelerde aşırı uçlarda yer bulan komplo teorileri nasıl oluyor da Türkiye'de ana akım oluyor sorusunu araştırmak gerek.

Şimdi size egzersiz amaçlı bir komplo teorisi: Bence Türkiye'de de bakanlar, başbakanlar ve büyükşehir belediye başkanlıkları yerel futbol takımları gönensin diye seçiliyorlar. Yoksa parti, siyaset falan hep yalan. Bakın bir sürü örneği var. Yakın tarihten Malatyaspor, Kasımpaşaspor, Kayserispor-Erciyes Kayseri ve bilumum başka şehir ve kent takımlarına bakabilirsiniz.

Mesela Binali Bey, kısa süreli belediye başkanlığı kampanyası boyunca fahri hemşerisi olduğu İzmir'e üç stat kazandırmış. Herkes memnun. İzmirlilerin verilmiş sadakası varmış seçilemedi; yoksa seçilse İzmir Belediyesi kaldırılsın diye referandum falan yapabilirdi diye geliştirilen bir komplo teorisi bile varmış. Şimdi İstanbul 2019 için adı geçiyormuş. İstanbullular hemen harekete geçip stadyum, kütüphane, cami, kilise ne varsa bu arada işlerini halletsinler. Seçimden sonrası hiç belli olmaz.

Komplosuz iyi haftalar ve bol şanslar.

İngiltere'deki Dış Mihrakların Türk Demokrasisi Aşkı

21 Temmuz 2013

İstanbul Gezi Parkı protestolarına polisin ilk günkü şiddetli saldırısının üzerine bizim bölgenin milletvekiline yazarak durumdan kaygı duyduğumu belirtip bu insan hakları ihlalleri ve şiddetin durdurulması için neler yapabileceklerini sordum. Daha sonra bana Muhafazakâr ve Liberal koalisyonun Dışişleri Bakanlığı ve Türkiye'den sorumlu bakanı Lidington'ın kendisine verdiği yanıtı göndermiş. Milletvekili-seçmen ilişkisinin demokratik ülkelerde nasıl olabileceğini gösteren iyi bir davranış. Sağolsun.

Mecliste 18 Haziran günü bu meselenin de konuşulduğu soru-cevap oturumunda bakana Türkiye'deki şiddetin bölgedeki istikrara etkisi sorulmuş. Bakan gayet muğlak bir dil tercih ederek istikrarlı bir Türkiye'nin önemli olduğunu ancak Türkiye'ye Avrupa İnsan Hakları Sözleşmesi'nde belirtilen sorumluluklarına saygı göstermesi gerektiğini hatırlatacaklarını belirtmiş. Hatırlattılar mı bilmiyorum.

Bu yanıt John Healey'i de tatmin etmemiş olacak ki hükümetin, Türk Hükümeti'ni resmen uyarıp insanların temel hak ve özgürlüklerine, örgütlenme ve ifade özgürlüklerine saygılı olmaya davet edip etmeyeceklerini sormuş. Twitter kullanan gençlerin tutuklanmasından, sendika protestolarının engellenmesinden ve kendi vatandaşına karşı polis ve askerle şiddet uygulanmasından dem vurmuş.

Türkiye bakanı, Türkiye başbakan yardımcısının açıklamalarına işaret edip polisin aşırı şiddet kullandığı durumlar olduğunu ve bunların araştırılacağını söylediğini belirtmiş. Sonrada bunların barış içinde diyalogla çözülmesini umut ettiklerini söylemiş. Muhafazakâr hükümetin bakanı, açıktan desteklemiş Türk Hükümeti'ni, ve Arınç'ın ifadelerinin bir gecelik olduğunu ve yaşanıp bittiğini görmek istememiş sanıyorum.

Bunun üzerine sadece "umut etmek" yeterli mi? Haksız biçimde gözaltına almaları kınamayacak mısınız ve gözaltına alınanların derhal salıverilmesini istemeyecek misiniz diyen Caroline Lucas'a katılmamak mümkün mü?

Bakan'ın bana gönderdiği mektupta da ne yapılacağına dair benzer muğlak bir dil hakim, ama muğlak olmayan "seçimle dahi gelmiş olsa, demokratik ülkelerin ulusal anayasalarına uymaları ve uluslararası insan hakları standartlarına saygılı olmalarını beklemek hakkımız" demesi ve son yıllardaki demokratik reformların insan haklarını ihlal etme hakkını vermediğini vurgulaması.

İngiliz bakanın yanıtları gösteriyor ki "bu küçük adadaki dış mihraklar" öyle sanıldığı gibi Türkiye'yi yıkma yönünde hummalı bir çalışma içinde değiller. Bakan da polis şiddetinden kaygı duyulduğunu ve Türkiye'nin insan haklarına ve özgürlüklere saygılı olması gerektiğini tekrarlamış.

Zaten biz de, BBC de, başkaları da aynı şeyi söyleyip duruyoruz. Belki Ramazan diye dinleyen olur.

İyi pazarlar ve bol şanslar.

Ece'yi Savunmak

3 Haziran 2013

Perşembe akşamı Ece Temelkuran'ı SOAS'ta ağırladık. Ece Temelkuran'ı yakından takip eden ve seven nitelikli bir dinleyici topluluğuyla samimi bir söyleşi oldu. Tahmin edebileceğimiz ve bildiğimiz bir manzarayı yeniden tarif etti Temelkuran. Yine tanıdık ama çarpıcı olan Ece'nin tedirginliği. Yazılarında kitaplarında vurguladığı inadı orada duruyor, ancak bu tedirginlik hali Dink'ten alıntıladığı "gazeteciler korkmuş güvercinler gibidir" sözünü anımsattı. Bir insanı, bir gazeteciyi bu kadar ürküten şey nedir?

SOAS'ın Khalili Salonu tıka basa doluydu. Dinleyiciler arasında Ece'nin sıkı okurları, eleştirel takipçileri, meraklı Türkiye araştırmacıları vardı. Yarım saatlik konuşmanın ardından Ece'yi haddinden fazla yoracak kadar soru ve yorum geldi. Herhalde Türk televizyonlarındaki sonu gelmeyen tartışma ve sohbet programlarını çok izlemenin bir yan etkisi bu: Gazeteciler, yazarlar saatlerce konuşabilirler!

Ece konuşmasında tutuklu gazeteciler meselesini gündeme getirdi ve demokratikleşme sıkıntılarını ve Türkiye'deki genel ruh halini anlattı. Doğal olarak dışarıdan görülen "hızla gelişen, büyüyen Türkiye" algısından farklı bir tablo sundu. Birgün okuru için bunda bir yenilik yoktur muhakkak.

İlginç sorular soruldu ve tartışıldı. Türkiye'de neden Tahrir benzeri olaylar olmuyor sorusuna Ece'nin cevabı onlarca Tahrir oluyor ancak ana akım medya bunları Tahrir gibi aktarmıyor ve hatta hiç bahsetmiyor oldu. Konuşma sokaktaki kızgınlıktan, sezaryen doğuma, oradan uzlaşma gereksinimine ve Pınar Selek'e kadar genişledi. Ancak meselenin özü "balkon konuşmaları" ve demokrasi arasındaki kan uyuşmazlığıydı. Yani demokrasilerde balkon diye bir kurumun olmaması gerektiğini anlattı Ece, ya da balkonun olduğu yerde demokrasinin olmayacağını örnekleriyle aktardı.

Eleştirilerinde ve analizlerinde katılmadığınız, eksik ya da fazla bulduğunuz yerler olabilir. Zaten normal olan da budur; tek doğru olmamasından mütevellit. Muhafazakâr ve hükümet yanlısı kesimler ve hükümetler genel olarak alıngandırlar, özellikle de Ortadoğu'da. Yanlış anlaşılmasın bu alttan alta bir Batı yüceltmesi değil bizim hükümetimizin ve kurumlarının da çok hassas olduğu meseleler var ve o konularda konuşmak hoşlarına gitmez. Ancak konuşursanız da kimse kolay kolay sizi tehdit etmez, ve kolay kolay işinizden de etmez. Ama öte yandan ticari kurumlar olan medya şirketlerinin işlerine gelmeyen çalışanları işten çıkarması da beklenmedik bir durum değil. Hoş olmayan bu beğenilmeyen insanların sonuna dek susturulmaya çalışılması. Ece maalesef böyle bir linç kampanyası ile karşı karşıya. Bu kendini zaman zaman görevlendirilmişler aracılığıyla zaman zaman gönüllüler aracılığıyla gösterebiliyor.

SOAS'taki toplantı sonunda onlarca kişi Ece'nin elini sıkmak, kitabını imzalatmak ve sevgisini göstermek üzere kürsüye üşüştü. Doğal olarak mutluluğu yüzünden okunuyordu. Lakin aradan birisi çıkıp ısrarla on dakika boyunca "ben yüzde 70'i temsil ediyorum, bizim hassasiyetlerimizi dikkate almanızı istiyorum" diyene kadar. Sadece bunu söyleyip uzasa sorun yok, ancak tatlı sert bir tehdit tonunda "hassasiyetlerinizi dikkate alacağım" biçiminde bir söz talebi ile devam edince işin tadı kaçtı. Ece'nin tadı kaçtı... Zaten hissettiği durum bir kez daha hatırlatılmış oldu.

Ece'nin konuşmasında alıntılar vardı bugünden ve geçen yüzyılın ilk yarısından. Bunu ilk defa duymuyoruz tabii ki daha radikal medyada bunlar zaten defaten yazılıp söyleniyor. Bilkent'ten sınıf arkadaşım CHP Bursa milletvekili Aykan Erdemir bütçe görüşmelerinde benzer alıntılarla bir giriş yapmıştı. Geçtiğimiz ay Avam Kamarası'ndaki konuşmasında da aynı benzerliklere vurgu yaptı. Bütün bunları yurt dışında Türklüğe hakaret kapsamına sokacak cevval savcılar vardır muhakkak, ama inşallah gözlerinden kaçmıştır bu sefer.

Ertuğrul Özkök dahi dayanamamış olmalı. Son yazısına bir Hitler anekdotu ile başlamış. Başbakan'ın ulusa sesleniş konuşmasında sıkça hain lafı kullanmasını şuraya bağlamış: "Çünkü Hitler'in söylediği o söz doğrudur: "Kimin hain olduğuna biz karar veririz..."

Ece'nin önemle altını çizdiği gibi başbakanın veya başkasının Hitler'e benzetilmesi değil mesele. Mesele bir ülkenin çoğunluğunun Hitler Almanya'sındaki ruh haline bürünmesi. Tehlikeli ve karanlık olan da bu, geri kalan her şey tali mesele. Sonuçta balkon konuşmalarının ya da ulusa seslenişlerin içeriği tuhaf bir pazarlama taktiğinden kaynaklanmış dahi olabilir, ancak onu alkışlayan ruh hali gerçek.

İyi pazarlar ve bol şanslar.

Başbakanlar Sevme Objesi Değildir

19 Haziran 2011

Çatışmalı bir seçim dönemi daha geride kaldı. Meğer ki hasımlaşma değil helalleşmek içinmiş bütün o küfürler, şarkılar, laf atmalar. Helalleşme uzmanı değilim, ama bildiğim kadarıyla bu iş topyekûn olan bir şey, öyle şunları dışarda bıraktım, bunlarla helalleşiyorum diyerek seçmeci olmaması lazım. Türk Dil Kurumu sözlüğü "dargın ayrılmayalım" manasında bir açıklama veriyor kelime için. Neyse bir tuhaf durum.

Hafta içinde İngiltere'de bir hastaneden görüntüler bütün televizyonlara yansıdı. Medyanın bu kadar ilgi göstermesinin hellaleşen başbakanla ilgisi olsa gerek. Hiç yorumsuz da verilebilirdi bu görüntüler ve anlamak isteyen istemeyen herkes anlardı mesajın kime ve neye gittiğini.

AKP iktidarı ve tek adam güçlendikçe daha bir espri ve eleştiri kaldıramaz hale geliyor. Balkonda ve balkon altında yapılan konuşmalar hep bunu işaret ediyor. Ama hem demokrasiden bahsedip hem de önüne gelene gayet eli bol biçimde hakaret davası açmanın demokrasi ile ilgisi olmadığı açık. Yani en azından demokratik ülkeler diye bildiğimiz memleketlerde pek böyle şeyler olmuyor. Örneğin ben İngiltere başbakanının kimseye benimle dalga geçtiniz diye dava açtığını hatırlamıyorum. Beni eleştirdiniz, hiç iyi şeyleri yazmıyorsunuz diye kanal kanal dolaşıp ağlaşan bir başbakan ya da bakan da hatırlamıyorum. Bilen duyan varsa anlatsın, hatırlatsın.

Başbakan Cameron ve (muhafazakâr) liberal yardımcısı Clegg geçen hafta bir hastane ziyaretiyle NHS'in (İngiliz ulusal sağlık hizmetleri ya da İngiliz SGK'sı diyebiliriz) nasıl ırzına geçeceklerini, pardon yani nasıl reforme edeceklerini anlatmak istediler. Aslında bu, toplumda ve sağlık kurumunda reformlara karşı direnişlerin başarılı olduğunu gösteren de bir adımdı. Çünkü Cameron hükümetin reformlar konusundaki u dönüşünü açıklamak üzere gitmişti o hastaneye.

Kıdemli ortopedi cerrahı Mr. Nunn hem gazetecilere hem de başbakan ve yardımcısına bağırarak "Buranın sorumlusu benim, siz hangi hakla hijyen kurallarını hiçe sayar ve buraya bu şekilde girersiniz?" diye söylendi. Bunun üzerine Başbakan ve yardımcısı ve peşlerindeki gazeteci ve kameramanlar hızla odayı boşaltıp olay mahallini terk ettiler.

Gayet medeni değil mi? Başbakan hatasını anlıyor, özür diliyor ve itaat ediyor. Çok iyi planlamış bir pazarlama fırsatı da yok oluyor. İşin içinde maddi kayıp da var yani. Ama kimse ne olacak o doktora şimdi, acaba İskoçya'nın derinliklerine sürgüne gönderilecek mi? diye düşünmüyor. Herhalde bu İngilizler çok saflar.

Halbuki aynı şey bizim gariban Freelonya'da olsaydı başına gelmedik kalmazdı bu ortopedik cerrahın. Öncelikle sağlık bakanımız onu hemen kızağa alır ve hastanenin başhekimine de on-the-spot kalorifere yapışma cezası verebilirdi. Ardından doktor kardeş eşkıya ilan edilip Umut hastanesine sürülebilirdi. Hatta terfi dondurulması ve maaş cezası da verilebilirdi. Neden olmasın biraz daha ileri gidip gayet normal olarak bu cerraha hapis cezası da verilebilirdi. Sonuçta devlet büyüklerine hakaret önemli bir suç Freelonya'da.

Bu da yetmez. Freelonyalıların facebook ve benzeri sosyal paylaşım sitelerinde bu olayın videolarını paylaşanları da cezalandırmak gerekir. Bu konuda en büyük görev de ihbarperver Freelonyalılara düşüyor. Freelonyalıların bu konuda Türk kardeşlerinden öğreneceği çok şey var.

Örneğin geçenlerde Ağrı'da bir emniyet amiri, Gülsüm Gültepe facebooktaki bir grupta Başbakanı Hintli kılığında gösteren fotoğrafı kendi sayfasında paylaşmış ve bazı meslektaşları da ihbarda bulunmuş. İşte tüm dünyanın ve Freelonyalıların örnek alması gereken davranış, millî duruş! Başsavcılık da hemen olayın peşine düşüp Gülsüm Hanım'a "devlet büyüklerine hakaret" suçundan adli soruşturma başlatmış.

Olay trajikomik. Facebook denilen şey kamusal değil özel. Orada insanlar eşiyle dostuyla bir şeyler paylaşıyorlar. Eğer meslektaşları Gülsüm Hanım'ın paylaştıklarını sevmiyorlarsa arkadaş listesinden çıkarırlar o kadar. Gerisi işgüzarlığa girer.

Zurnanın zırt dediği yer de burası. Nereden edinildiyse iktidar partisinde, bakanlarında, tek adamda ve bunlara oy verenlerin destekleyenlerin önemli bir kısımında belli ki "başbakanlar sevilir" yönünde derin bir inanç oluşmuş.

Başbakan kendisine eleştirenlere açtığı davaların sadece bir kısmını geri çekmiş. Hiç yoktan iyidir. Yoksa mal beyanı tazminat davalarından aldığı paralardan oluşan ilk başbakan olarak tarihe bile geçebilir mazallah ki bu ülkemiz için zaten uzun olan ayıplar listesine eklenir.

Şimdi illa ki helalleşmek isteniyorsa bu ihbarperver millete ve onun savcılarına da bir çağrıda bulunmalı başbakan ve kabinesi. Böyle saçma sapan davalar açılmamalı, açılamamalı.

O zaman bunlara bir çift sözümüz olsun: başbakanlar sevme nesnesi değildir. O sadece "başbakanını seven çocuk" adlı karikatürde vardır orada da neden vardır malumunuz.

ÜÇÜNCÜ BÖLÜM

FREELONİA'NIN O'HALLERİ

Buradan Nasıl Görünüyor?

6 Mart 2017

Freelonya dünyanın en güçlü ve zengin ülkesi ve herkesin kıskandığı köprüleri ve havaalanları var. Etrafı da düşmanlarla çevrili ve içi de düşman dolu. Her tarafta ajan kaynıyor. İngiliz, Alman, İsrail, Amerikan, Rus ve daha bilumum ülkenin ajanları cirit atıyor. Bütün dertleri bu süper köprülerin ve hava meydanlarının sırrını çalıp muhteremin iktidarını sallamak.

Muhteremin iktidarı da öyle böyle değil. Bir demokrat, bir mütevazı asla Türkmenistan gibi olmak istemiyor, Aliyev'e hiç özenmiyor. Yüzde 80-90 oy oranları hayal bile değil. Durum hep bıçak sırtı fifti-fifti. Ne kadar tehdit etsen, karalasan bir tık yukarı çıkmıyor. Bir referandumdan dahi emin olamıyoruz. O kadar yani.

Okul yıllarından hatırlarsınız ergen mutsuz çocuklar vardır. Bir türlü mutlu olamazlar. Sürekli güven krizi içindedirler. Hem atıp tutarlar, süperdirler hem de içten içe stresten mahvolurlar acaba kim benim hakkımda ne düşünüyor diye.

Devletler ve hükümetler böyle yürümüyor. Gerçi Trump bu yönde ciddi adımlar atacağa benziyor. Muhterem de o yönde umut vaat ediyor.

Almanlar yamuk yapmış. Hayretler içinde kalınmış milletçe. Sen ajan diye binbir suçlamayla o ülkenin önde gelen gazetelerinden birinin muhabirini tutuklarsan başına neler gelir diye düşünmen lazım ama ben söylemiş olmayım.

Biz İngilizler genel olarak çok soğuk ve kibarızdır. Ajanlarımız da öyle. Mesela Boris Johnson, eski Londra Belediye Başkanı ve şimdiki Dışişleri Bakanı. Daha önemlisi dibine kadar Osmanlı torunu. Adamın büyük dedesi Damat Ferit hükümetinde eğitim bakanı. Ama bu hain Osmanlı torunu ne yaptı? Muhterem için açılmış "en kötü hakaret eden şiir" yarışmasına şiir yolladı ve kazandı. Sonra da pişkin pişkin gidip başkentte arzı endam edip saygıda kusur etmedi. Muhterem "yav hazır burdayken şu şiiri bir de senden dinleyelim" demiştir herhalde?

Neyse buradan nasıl görünüyor meselesine geri dönelim. Şimdi desek ki süper gidiyorsunuz, demokrasiniz harika, ekonominiz tıkırında ona da inandıramayız. Freelonya'nın ergen halleri sonuçta. Allahtan zaten öyle demek için elde avuçta pek malzeme de yok.

The Guardian gazetesinde 30 Ocak günü Liz Cookman Trump'ın ABD'si ve muhteremin Freelonya'sını kastederek böyle dostlara itiyacımız mı var demiş. Anlaşılan o ki yıllardır küçük Amerika olan ülke nihayetinde Trump ile asıl Amerika'ya rol model olmuş. Cookman'a göre daha birkaç yıl öncesine kadar Orta Dünya'nın demokrasi abidesi olan Freelonya şimdilerde otoriterliğin dehlizlerine doğru yol alıyormuş. Külliyen yalan tabii ki. Freelonya'da hâlâ parlamenter demokrasi var ve güçler ayrılığı ilkesi geçerli ve memleketin ekseriyeti bunun değiştirmek isteyenlere gür sesle hayır diyor. Sonuçta demokrasiyi de İngiliz kraliyetinden öğrenecek değiliz. Güya başbakan May, yüz milyon sterlinlik iki uçağı Freelonya'ya satmak için otoriterleşmeye sessiz kalmış. Aynı May gözünü kırpmadan eğitim sektörüne birkaç milyar sterlinlik darbe vururken iki uçak parasına kanacak değil tabii ki. Kesin uçak lobisinin yalanları. Yoksa May tabii ki kıskançlıkla gittiği muhteşem saraydan Kraliçe için özel tüyolarla dönmüş olabilir.

Yelpazenin sağındaki Telegraph gazetesi de ajanlarıyla aleyhte çalışmaya devam ediyor. Utanmadan Rus Büyükelçisi'ni vuran polisin fotoğrafına ödül verilmesini haber yapmışlar. O da yetmiyormuş gibi Merkel yengenin muhtereme baskı yaptığını manşete taşımışlar.

Sanki Merkel yenge daha dün altın varaklı koltuklarda nasıl oturacağını şaşırmış da sus pus olmamış gibi, kıskançlıktan nasıl hızla geri dönmemiş gibi. Telegraph utanmadan ballandıra ballandıra konsolosluğumuzun diyasporadaki vatandaşlara ajanlık yapmalarını salık verdiğini iddia eden haberler yapmış. Halbuki biliyoruz ajanlık hep dış mihrakların işidir.

Neyse ki adadaki herkes bu kadar kötü değil. Adanın en ırkçı gazetesi Daily Mail muhterem hakkında olumsuz haberler yaymadığı gibi dalgıç kadını kurtaran Karamürsel Belediye Başkanı'nı haber yapmış ve beldenin güreşçiler memleketi olarak bilindiğini de eklemiş. Daily Mail'in ufak tefek kusurları var ama önemli değil. Mesela geçenlerde Wikipedia güvenilir olmadığı ve sürekli yalan haber yaptığı için bu gazetenin kaynak olarak kullanılmasını yasaklamış.

Zaten bize okumuş adam da lazım değil, ne varsa cahillerde var. Özetle orası buradan bakınca puslu görünüyor. Ama siz üzerinize alınmayın burası ada olduğu içindir, yoksa siz süpersiniz. Kraliçe ve ahali hep birlikte kıskançlıkla öpüyoruz.

Hayırlı haftalar ve bol şanslar.

Yolsuzluk

20 Mart 2017

Bu köşede Freelonya'dan çok bahsettim. Muhteşem, özgür ve yalnız ülkem bazen içimi acıtır. Aranızda empati yapanlar olacaktır mutlaka. Uluslararası Şeffaflık Örgütü 2016 yolsuzluk indeksi raporunu yayımlayınca dayanamadım. Bir tür mazoşist güdüyle baktım İngiltere ne durumda diye. Derin merak yüzünden listenin taa dibine kadar bakınca bir sürü tanıdık yüz gördüm. İntihaller cenneti ülkeler gördüm. Kimini siz de tanırsınız.

Şimdilerde özgür ve yalnız olmak için canla başla çalışan İngiltere fena görünmüyor. 2002'de 10. sırada yer aldığı yolsuzluk indeksinde 2010'da 20. sıraya dek düşmüş ancak sonradan toparlamış ve son dört beş yılda önce 14, sonra 10. sıraya yükselmiş. Yani rüşvet vermenin en az görüldüğü ülkeler arasında yerini almış.

Listenin başında hemen hemen istisnasız hep Danimarka, Yeni Zelanda, Finlandiya ve Kanada gibi ülkeler yer almış. Bir de Hollanda hep ilk onda yer almış ve çoğunlukla da 7. veya 8. sırada. Bu ülkede yaşayan Türk vatandaşlarının sevaplarıyla o noktaya geldikleri kesin. Bizim Freelonya maalesef

ilk 10'da yok,

ilk 20, yine yok

ilk 30, yine yok

ilk 40, yine yok

ilk 50, yine yok.

Bundan ötesine bakmaya gerek yok tabii. Türkiye, mesela, 2002'de 64. sırada ve 2004'te 77. sıradaymış ve sonra 2013'te 53. sıraya kadar düşmüş. 180'e yakın ülkenin olduğu listede görece büyük sıçrama. 2013'ten sonra her ne olduysa artık, birden aşağılara doğru hareketlenmiş ve 2016 raporunda 75. sırada yer almış. Sıralamadaki yer bazılarının hoşuna gidebilir ama işin aslı skorun ne olduğu. İndeksi hazırlayan kuruluşlar yüzde 50'nin altında skor alan ülkeleri sınıfta kalmış addediyor. Yani dünyanın çoğunluğu sınıfta kalıyor bu dersten. Bir nevi matematik dersi yani.

Türkiye'nin skoru da son beş yılda 50'den 41'e gerilemiş. Yani kıl payı geçecekken öğretmen bırakmış. Ama durum tamamen umutsuz değil. Burkina Faso, Namibya, Ruanda, Botsvana gibi çağımızın önde gelen demokratik ve gelişmiş ülkeleri hepsi sadece Türkiye'nin değil İtalya'nın Kıbrıs'ın falan önünde yer almış ve sınıflarını geçmişler. Azmedersen olabiliyor belki de.

Bu indekste sınıfta kalan ülkeler için manzara iç karartıcı. Bu ülkelerde eşitsizlik var, adaletsizlik var, adaletin yerini bulması yok. Kamu kurumları pek çalışmıyor. Polise, mahkemelere güvenemiyor insanlar. Bu ülkelerde yolsuzluğa karşı kanunlar var ama uygulayan yok. Bir de bu ülkelerde büyük yolsuzluk ve hırsızlık vakaları görülüyormuş. Yok, öyle baklava veya ekmek çalmak gibi değil. Bayağı bildiğiniz "deveyi havuduyla götürme" cinsinden; "onlarca gemicik aldım" cinsinden.

Örneğin Brezilya'daki Petrobras davası gibi ya da eski Ukrayna Cumhurbaşkanı Yanukovich'in milyarlarca doları hortumlaması gibi. Normal şartlarda sıkı denetlenen cumhurbaşkanları böyle şeyler yapmazlar tabii ki ama işte Ukrayna gibi yerlerde olabiliyormuş demek ki.

Bu yolsuzluk sınavından kalmış ülkelerde bir de geniş kitleler yoksullaşıyormuş. Eşitsizlikler artıyormuş. Tabii bu ecnebilerin aklına gelmiyordur MKM* yoluyla eşitsizlik, yoksulluk ve bilumum günahtan arınma yöntemleri.

İktidar birden fazla abidik gubidik adamın eline geçerse zaten böyle sorunlar ortaya çıkar ister istemez. O yüzden siz siz olun demokratlarınıza sahip çıkın. Örneğin geçen yılın kurumsal şeffaflık ödülünü kurumsal alanda Ovacık Belediyesi adına Belediye Başkanı Fatih Mehmet Maçoğlu almış. Öyle üç bin kişinin yaşadığı küçük bir köy, denizde kum demeden kendisini tebrik ediyoruz. Belki de buradan başlar arınma.

Hayırlı haftalar ve bol şanslar.

*MKM: makarna-kömür metodo

Türkiye'nin Ab Üyeliği

21 Ocak 2013

Geçenlerde yapılan bir kamuoyu yoklamasına göre İngiltere'de en önemli çatışma göçmenler ile göçmen olmayanlar arasındaymış. Finansal kriz, savaşlar, yoksulluk daha sonradan geliyormuş. Benzer duyguların Avrupa genelinde var olduğunu biliyoruz. Bunun en önemli nedeni bu yöndeki yabancı düşmanı söylemlerin haddinden fazla medyada ve politikada yer bulması. Yoksa Avrupa genelinde öyle yer yerinden oynayacak bir göç yaşanmadı son yıllarda. 2013'te Hırvatistan AB'nin tam üyesi olacak. Müzakerelere aynı yıl, 2005'te başlayan Türkiye ise beklemeye devam edecek.

Geçen hafta, Türkiye'nin İnsani Kalkınma Endeksi'ndeki yeri itibarıyla Avrupa'nın çok gerisinde olduğunu yazmıştım. Bu beklemenin bir nedeni bu diye düşünüyorum. Kıbrıs meselesi küçücük bir ada olmakla beraber büyük bir engel oluşturuyor. "Türk adaleti" denilen şeyin ise malum durumu bir başka neden. Hrant Dink cinayetinin azmettiricileri, yol göstericileri, çanak tutucuları terfi ve taltif alırken ve cezaevleri dünya rekoru kıracak hızla dolup taşarken herhalde gururlanacak bir durum yok. Bir başka mesele ise "çalışanların Avrupa içinde serbest dolaşımı."

Türkiye 1960'lardan bu yana Avrupa'ya göç veren en önemli ülkelerden biri oldu ve sonuçta Avrupa'da geniş bir Türkiye kökenli azınlık oluştu. Avrupa'nın korkusu ise Türkiye eskaza AB'ye katılırsa milyonlarca Türkiyelinin Avrupa'ya akın edip hem istihdam piyasasını sıkıştırması hem de kültürel gerilimleri artırması tehlikesi.

Gallup Bölge Sorumlusu Neli Esipova ile Gallup Dünya Araştırması'nın göç verilerini inceledik ve bu yönde bir eğilimin pek de gerçekçi olmadığını gördük. Elimizdeki veriler göç etme isteğini ve bu yönde hazırlıkları ölçme imkânı veriyor. Göç etme isteğinin genel olarak gerçekleşen göçten katbekat yüksek olduğunu başka araştırmalardan da biliyoruz. Burada da aynı durum geçerli. Kabaca her beş göç etmek isteyen kişiden sadece biri gerçekten göç ediyor. Bu da dünya nüfusunun kabaca yüzde üçüne karşılık geliyor.

Türkiyelilerin %13'ü göç etmek isteğini belirtirken bu oran Almanya gibi çok göç alan bir ülkede %18, Fransa'da %19 ve İngiltere'de %30. Güney Avrupa ortalaması ise %16. Özetle bu göç arzusunun gerçek harekete dönmesi durumunda bile Avrupa'ya gidecek muhtemel Türkiyeli sayısı Avrupa'yı terk edeceklerin yanında çok küçük. Türkiye'yi terk edecekler ve Türkiye'ye göç edecekleri karşılaştırarak analiz ettiğimizde ise Türkiye'de potansiyel net göçün eksi %7 olduğunu görüyoruz. Yani memleketten memnun olmayıp yurt dışına gideceklerin sayısı geleceklerden fazla. Türkiye göç veren ülke olmaya devam edecek. Bunun için birçok neden sıralanabilir. Gelir eşitsizliği, sendikasızlık, kadın cinayetleri, hoşgörüsüzlük, ırkçılık ve liste uzar gider...

Türkiye'nin savaş ve çatışmalara itilmiş komşularında oranlar daha da yüksek: Suriye %27, Irak %16 ve İran %15. Bu ülkelerden Türkiye'ye doğru zaten güçlü bir göç akımı mevcut. Brezilya ve Rusya gibi son yılların hızlı büyüyen ekonomilerinde ise bu oran %13 yani Türkiye ile aynı.

Türkiye'nin istihdam olarak küçülmesine karşın ekonomik büyümesi ve görece siyasi istikrar, Türkiye'de göç arzusunun Avrupa'ya kıyasla daha düşük olmasının bir nedeni. Türkiye, Afrika, Asya ve Ortadoğu dışında son yıllarda Avrupalılar için de bir göç edilesi ülke olmuş durumda. Son verilere göre ülkede 1,4 milyon yurt dışı doğumlu yaşıyor. Örneğin son beş yıldır Almanya'dan Türkiye'ye göç edenlerin sayısı Türkiye'den Almanya'ya göç edenlerden fazladır. Avrupa'dan Türkiye'ye olan göçün önemli bir kısmının ikinci ve sonraki kuşak Türkiye asıllılar ile bunların yakınları ve akrabaları olduğunu da unutmamalı. Bu da bir anlamda Avrupa genelinde yabancı düşmanı tavırların ve ayrımcılığın bir göstergesi. Bunun yanında tabii ki iklim ve girişimcilere cazip gelen olanakların varlığını unutmamak gerek. Örneğin yabancıların mülk edinmesinin kolaylaştırılması buna etki yapmış olabilir.

Türkiye'nin AB yolculuğunun dolambaçlı rotasında devam edeceği kesin. Fransa ve Almanya gibi pek çok üye ülke buna hazır değil. Barış meselesi pek çok derdin arkasındaki en büyük neden. Diyarbakır, Mersin, Dersim ve Nurhak'ta başarılı bir sınav verildi. Devamını göreceğiz. Ancak göç konusundaki korkuların en azından şimdilik yersiz olduğunu söylemek mümkün.

İyi pazarlar ve bol şanslar.

Kalkınmanın Adaleti ve Ahlaki: Türkiye Dünyanın Neresinde?

1 Ocak 2013

Türkiye'nin son on yılda çok geliştiği hemen hemen herkesin dilinde. Makro göstergelerin bir kısmı bunu destekler yönde. Ancak bu göstergelerin izafi olduğunu ve zaman zaman sorunlu olduğunu unutmamak gerek. Örneğin kişi başına düşen millî gelir en sorunlu ve yanıltıcı göstergelerden birisi. Gerekli gereksiz her fırsatta yinelendiği üzere Türkiye'de kişi başına düşen millî gelir son on yılda iki katına çıkmış. Bu hızlı ve ciddi bir ekonomik büyüme anlamına geliyor. Ancak IMF'nin 2012 raporuna göre önümüzdeki beş yılda en hızlı kalkınacak yirmi ülke arasında Türkiye yok. Yani bu ekonomik büyüme geçici, kalıcı olan başka sıralamalara bakmak lazım. "Netekim" kalkınma sadece bir ciro hesabı olmamalı.

Gayrisafi yurtiçi hasılayı da dikkate alan ve yaygın olarak bilinen göstergelerden birisi İnsani Kalkınma İndeksi. Bu indeks iki ekonomist, Mahbub Ul Haq ve Nobel ödüllü Amartya Sen tarafından geliştirildi ve 1990'dan bu yana kullanımda. İnsani Kalkınma, gayri safi millî hasıla gibi göstergelerin bireylerin ve toplumun hayatına nasıl yansıdığını öne çıkardığı için önemli. Merkez Bankası müdürü olmayanlar için de o derece daha uygun. Ortalama vatandaş ne yer ne içer, işi gücü, başını sokacağı bir yeri var mıdır, okulu aşı var mıdır, sağlığı yerinde midir hesabı.

Yine benzer bir ahlaka aykırı durumu Dünya Şeffaflık Hareketi'nin derlediği yolsuzluk ve rüşvet indeksi ortaya koyuyor. Bu indeks dünya ülkelerini iş ahlakı açısından değerlendiriyor; çeşitli ülkelerde "bir iş yaparken rüşvet verme" ihtiyacını karşılaştırıyor.

İnsani Kalkınma İndeksi esas olarak ortalama ömür beklentisi, eğitim ve gelir istatistiklerinin birleşiminden oluşuyor. Her bir ülkenin kendi içinde vatandaşlarının yaşadığı eşitsizlikleri de dikkate alarak ağırlıklandırılmış bir sıralama daha yapıyor.

İnsani kalkınma indeksi sıralamasında Türkiye, 187 ülke arasında 92. sırada yer alıyor. Avrupa'da 46. sırada yer alan Türkiye, Moldova'dan sonra en düşük insani kalkınma skoruna sahip. Yani 47 ülke içinde sondan ikinci. Avrupa'nın pek çok alanda en gerisinde yer alan Kazakistan, Azerbaycan, Arnavutluk,

Makedonya gibi ülkelerin dahi arkasında.

Tablo. Dünya İnsani Kalkınma Sıralaması

İnsani Kalkınma sıralaması	Eşitsizlikler dikkate alındığında İnsani Kalkınma sıralaması
1. Norveç	1. Norveç
2. Avustralya	2. Avustralya
3. Hollanda	3. İsveç
4. ABD	4. Hollanda
5. Yeni Zelanda	5. İzlanda
6. Kanada	6. İrlanda
7. İrlanda	7. Almanya
8. Lihtenştayn	8. Danimarka
9. Almanya	9. İsviçre
10. İsveç	10. Slovenya
28. İngiltere	19. İngiltere
29. Yunanistan	26. Yunanistan
31. Kıbrıs	27. Kıbrıs
37. Katar	36. Romanya
55. Bulgaristan	37. Bulgaristan
56. Suudi Arabistan	42. Kazakistan
57. Meksika	48. Ermenistan
64. Libya	49. Arnavutluk
68. Kazakistan	52. Azerbaycan
70. Arnavutluk	54. Makedonya
76. Azerbaycan	56. Meksika
79. Makedonya	60. Moldova
86. Ermenistan	62. Moğolistan
88. İran	64. Özbekistan
	65. Gabon
92. Türkiye	66. Türkiye
106. Gabon	80. Suriye
111. Moldova	85. Mısır
113. Mısır	96. Gana
115. Özbekistan	110. Zambiya
119. Suriye	122. Etiyopya
187. Kongo	134. Kongo

Kaynak: (Birleşmiş Milletler, 2012, http://hdr.undp.org)

Bu indeksi ülke içi eşitsizlikleri de dikkate alarak yenilediğimizde ise durum daha kötüleşmekte. Eşitsizliğin dikkate alındığı İnsani Kalkınma İndeksinde yer alan 137 ülke arasında Türkiye 66. sırada yer alıyor. Yani Gabon, Moldava, Özbekistan, Azerbaycan, Kazakistan gibi ülkelerin çok gerisinde ve Avrupa'nın en geri kalmış ülkesi durumunda.

Tabloda görüldüğü gibi Türkiye'nin yakalaması gereken ülkeler, yani yakın rakipleri Norveç, Almanya falan değil. Sıralamada Türkiye'nin (66.) hemen üzerinde yer alan Moğolistan (62.), Özbekistan (64.) ve Gabon (65.) gibi muasır medeniyetler seviyesini yakalaması gerekiyor öncelikle.

Peki son on ya da yirmi yılda ne oldu? Manzara değişmedi. Türkiye'nin insani kalkınma düzeyi arttı. Ancak Tunus, Fas, Çin, Endonezya, Gana ve Bangladeş gibi ülkelere kıyasla daha yavaş bir artış oldu. Türkiye'nin sıralamadaki yeri de son 12 yılda 80. sıradan 92. sıraya geriledi.

2012 Yolsuzluk ve Rüşvet İndeksi Türkiye'yi 174 ülke arasında 54'üncü sıraya koyuyor. Türkiye burada da Balkan ülkelerinin bazıları hariç Avrupa'nın gerisinde yer alıyor. AKP iktidarından hemen önce, 2001 yılında da 91 ülke arasında 54'üncü sıradaydı. Bir nebze iyileşme görülse de sıralamada Türkiye'nin üzerinde yer alan ülkelerde pek bir değişiklik yok.

Başka cephelerde de övünülecek bir şey yok. Dünyada cezaevinde en çok mahkûm bulunduran 13. ülke Türkiye. 2006'dan bu yana Avrupa'da cezaevi nüfusunun en çok arttığı ülke Türkiye: tutuklu sayısı ikiye katlanmış. Avrupa ortlaması yüz binde 96 iken bu oran Türkiye için 168! Azebaycan'dan hallice. Yani karikatüre, köşe yazısına, öğrenciye ve uçan kuşa dava açılmasının bilançosu bu. Pek çok kaynağa göre Türkiye dünyada en çok gazetecinin hapiste olduğu ilk üç ülkeden birisi.

Birçok açıdan Türkiye büyümüş olabilir ama bunlar her zaman hayra alamet değil. Örneğin ülkenin hızla büyüdüğü Aynı on yıllık dönemde ülke genelinde işsizlik %8'den %11-14 aralığına çıkmış ve orada kalmış. Bunun anlamı şu 2001 yılından bu yana işsizler ordusuna resmî rakamlarla 1.200.000 kişi daha katılmış. İş yaratmadan büyüme olmuş! Mucize dedikleri bu olsa gerek. Sözün özü, külahları önüne koyup düşünme vakti gelmiş de geçiyor. Milyon dolarlık soru şu: İsveç, Norveç, Almanya ile mi yarışmalı yoksa Gabon, Moldova ve Özbekistan'la mı?

Bol şanslar

Türk Hava Yolları'nda Grev ve Irkçılıkla Mücadele

8 Haziran 2013

Epeydir THY'nin ne kadar başarılı bir şirket olduğu, Avrupa'da bir numara olduğu genel bir algı haline geldi. Ben havayolu şirketlerinin iyiliği ve başarısı işler ters gittiği zaman anlaşılır diyenlerdenim. Son THY grevi de bu yönde iyi bir test oldu. Televizyonlarda "çok başarılı şirket, sahip çıkmak gerek" yollu grevcileri eleştiren bazı zevzeklere de şahit olduk maalesef. Sanki şirketin başarısı o çalışanların hiç katkısı olmadan oluvermiş gibi!

Geçen ay Türkiye'deydim ve Londra'ya dönüşte oldukça eziyetli bir yolculuk yaptım. Eziyetin bir kısmı fiziki, bir kısmı ise ahlaki ve ruhi. THY dönüş uçuşlarımı defaten keyfi olarak değiştirince bir ara orada mahsur kalma riski ile karşı karşıya kaldık. Sorunu çözmek için telefonda müşteri temsilcileriyle iki saat telefon görüşmesi, bir o kadar internet mesaisi ve yarım gün Antalya Havalimanı'nda eziyet çekmek gerekiyormuş. Çektik. Kimse grevin adını ağzına almadı, ama belli ki greve katılanlar ve pasif destek verenler yapmaları gerekeni yapıyorlardı. Gönülden destekliyorum ve bundan sonra daha adil başka şirketlerle uçmaya kararlıyım.

İstanbul'a Londra aktarması için indiğimizde de yine grev etkileri diyebileceğimiz durumlar yaşandı. Uçak değişmiş, koltuk numaraları karışmış vesaire. Bir saat kadar daha gecikme. Gerçi grev olmadığı zamanlarda da THY'den alıştığımız numaralar bunlar. Geriye bir tek uçaktaki köfte piyazın kalitesi kalıyor. Onun için de herhalde uçağa binilmez. Ama THY akıllı tutum takınır ve çalışanlarına daha iyi davranırsa en hakiki müşterilerinden biri ben olurum.

Koltuk numaraları karışınca uçağın içi biraz mahşer yerine döndü: Eşiyle dostuyla yan yana oturmak isteyenler, ayakta kalanlar ve de "tercihleri olanlar." İki sıra önümde solda üçlü bir grup oturuyordu. Siyahlar ve aksanlarından anladığım kadarıyla muhtemelen Nijeryalılar. Onlardan birisi tekerlekli sandalyeli birisine yerini verdi. Hostesler de ona üç sıra arkada bir yer gösterdiler. Bu genç siyah adam oraya gidince koltukta bir çanta gördü. Neyse bağrış çağrış belli oldu ki çanta yan koltuktaki orta yaşlı bir Türk kadınınmış: bizim hikâyenin has kadınının. Meğersem siyah adam yanına oturmasın diye koymuşmuş. İtiş kakış siyah adam oturdu koltuğa ama "beyaz" kadın oturmuyor bir türlü.

Hostesler başka kombinasyonlar denedi olmadı. Yanımda oturan yolcu ile bu ırkçılık işte diye konuşurken, o fırladı yerinden ve "o ırkçı kadına benim yerimi verin ben oraya oturacağım" dedi ve gitti siyah yolcunun yanına oturdu! Beni de ırkçı bir kadınla dört saat yolculuğa mecbur etti tabii. Yanıma gelip oturan kadına bu yaptığının çok ayıp olduğunu söyleyince, "Benim panik atağım var" dedi ve gözlerini kapayıp yol boyunca uyudu. Herhalde rüyasında safariye falan çıkmıştır.

Buradan panik atağın ırkçılığa yol açtığı sonucunu çıkarmıyoruz, ama "hoşgörü" ülkesi Türkiye'nin daha büyük bir ırkçılık sınavına hazır olması gerektiğini görmeliyiz. Şimdilerde ortalıkta görünen siyah veya Asyalıların çoğu turist veya ziyaretçi. Bir nevi misafir muamelesi görüyorlar yani. Ancak artan göçmen sayıları, önümüzdeki yıllarda bu tarz ırkçı vukuatların önünün alınması için ciddi hazırlıkların yapılması gerektiğini gösteriyor.

Futbol maçlarında yaşanan ırkçılıklar da aynı kafa yapısının yansımaları. Biz hoşgörü toplumuyuz, Mevlana'nın torunuyuz falan demekle bu işler çözülmüyor. Çözüm için nefret suçları meselesinin ciddiye alınması gerekiyor. Türkiye'de Kürtlere, Zazalara, Alevilere, ateistlere, Lazlara, Araplara, İzmirlilere ve daha nicelerine karşı işlenen nefret suçlarının önünü almak gerek. THY eğer gerçekten dünya lideri bir havayolu olmak istiyorsa bu konuya ciddiyetle eğilmeli. Öncelikle hosteslerini, müşteri temsilcilerini ve yer hizmetlerinde çalışan personelini bu konuda eğitmelidir. Bu konuda çalışan akademisyenler olarak biz her zaman yardım etmeye hazırız.

Bu arada grevci işçileri taciz etmekten de vazgeçmekte fayda var. Büyüyen bir şirkette üç yüz kalifiye çalışana iş bulmak zor olmasa gerek. Gezi ve Gazi'ye de bin selam.

İyi pazarlar ve bol şanslar.

Gül'e Ödül

21 Mart 2010

Önce herkesin bayramını kutluyorum. Türkiye'nin genel hava olarak Ortadoğu'nun bu bayramını kucaklaması iyi bir durum. Bu haftanın kapanışını bu yılki Chatham House ödülünü alan Abdullah Gül yaptı. 2005'ten bu yana verilen bu ödülü geçen yıl Brezilya Federal Cumhuriyeti başkanı Lula (Luiz Inácio Lula da Silva) kazanmıştı. Lula, Güney Amerika'da istikrar, entegrasyon ve Brezilya'da yoksulluğu azaltıcı çabalarından dolayı ödüle layık görülmüştü.

1920'de kurulan Chatham House, ünlü Chatham House kuralının da mucidi. Bu kural toplantılarda ifade özgürlüğünü sağlamak açısından tüm dünyada kabul gördü. Kabaca bu kural ile yürütülen toplantılarda katkıda bulunan kişilere atıfta bulunulmasını yasaklamakta.

Chatham House, misyonunu bağımsız analizler yapmak ve "herkes için müreffeh ve güvenli bir dünya inşa etmek yönünde etkili fikirler üretmek" olarak ifade ediyor. Bir düşünce kuruluşu olarak dünya genelinde saygın bir yere sahip olsa da Chatham House'un ne tarafta oturduğunu görmek gerek. Örneğin bu ödül devlet başkanlarına verili-yor. Kurumun eski başkanlarından birisi İngiltere'nin eski muhafazakâr başkanlarından John Major. Bu ödül için adayları belirleyenlerden birisi de John Major.

Ödülün layık olana verildiğinden eminim. Lula da bu ödüle layık olana dek neredeyse otuz yıl sağa kaydı.

Ödülün sahibi, Chatham House üyesi akademisyen, işadamı, politikacı ve diğerlerinin oyları ile belirleniyor. Ancak seçim eski başkanlardan oluşan bir komitenin belirlediği üç aday arasında yapılıyor. Yani seçkinlerin seçtiklerinden birisi daha az seçkin olanların oylarıyla belirleniyor. Şimdi detayına girdik diye seçim demokrasisi takıntım olduğu sanılmasın. Her şey bir yere kadar. Ben sadece ödülün verilme sürecini anlatıyorum.

Abdullah Gül geçtiğimiz yıl da "uluslararası ilişkilere en önemli katkıyı sağlayan" devlet adamı olduğu için ödülü kazandı.

Ödülün gerekçesinde Gül'ün son yıllarda Türkiye içinde uzlaştırıcı adımlarda ve uluslararası arenada Türkiye'nin attığı olumlu adımlarda önemli katkısı olduğu vurgulandı. Türkiye'nin Irak, Afganistan ve Pakistan'daki karşıt gruplar arasında arabulucu olması ve sorunlara çözüm araması da gerekçeler arasında sayılıyor. Ayrıca Kıbrıs'ın bütünleşmesine katkıları ve Türkiye ile Ermenistan arasındaki uzlaşmayı başlatması nedeniyle bu ödüle layık görülmüş.

Bu da yetmezmiş gibi, Gül'ün liderliğinde Türkiye'de sivil demokratik düzen kurularak Avrupa standartlarına ulaşılıyormuş.

Futbol diplomasisi de bunun bir parçası anladığım kadarıyla. Şimdi "hepinizi kapı dışarı ederim haa van münits" denilen ortamda bu ödül biraz havada kalacak. Gerçi ödül töreni sonbaharda yapılıyor genelde. Belki o zamana kadar bütünlemeden falan kurtarır kalan derslerini iktidar partisi.

Bütün bu gerekçeleri ve ödülün arka planını yeniden düşününce insanın kafası çok basit sorularla doluyor. Birisini ödüllendirmek için başarı şartı vardır genelde. Burada fena halde istisnai bir durum var gibi görünüyor: Sonuçta Türkiye'de Avrupa standartlarında sivil demokratik bir düzen olduğu... Irak'ta çatışan grupların uzlaştığı... Ortadoğu'nun dertlerinin azaldığı... Türkiye-Ermenistan ilişkilerinin iyileştiği... Bunlar gerçek mi şaka mı? Bu yıl herhalde şaka ödüller yılı. Önce Obama'ya Nobel, şimdi de bu. Ben de istiyorum kardeşim! Hem de ikisini birden. Söz veriyorum, ödülleri alayım çok güzel şeyler yapacağım.

Bu arada kristal ödül Kraliçe'nin imzasıyla takdim edilecek.

Lordlar ve irlerin ödülü hayırlı olsun. Darısı diğer Ortadoğuluların başına

İyi pazarlar ve bol şanslar.

Avrupa'da Olmamak ve Yaşlı İzmir

12 Mayıs 2013

Geçen hafta İzmir'deydim. Bir sabah Buca'nın işlek caddelerinden birinde önümde seksenine merdiven dayamış bir kadın yürüteç ile ağır ağır ilerliyor. Kaldırımlar genel olarak mağaza, lokanta, kafe, kahve, bakkal vesaire tarafından işgal edilmiş durumda. İşgal edilmeyen yerlerde de ya gelişigüzel serpiştirilmiş bir sürü çukur ve tümsek var ya da çok dar. Ya da ikisi birden. Yer yer neredeyse kaldırımı yok etmek pahasına cepler açılmış ve çöp konteynırları konmuş. Bir de illa ki araba park edilmiş kaldırımlarda.

Kaldırımlar genel olarak apartman yüksekliğinde, genç ve engelsiz olsanız bile bazen olimpiyat kıvamında zorlayıcı olabiliyor. Belki de böyle bir olimpiyat da düzenlenebilir sırf bu durumu gündeme getirmek için.

Seksenine merdiven dayamış kadın ağır ağır ilerlemeye devam ediyor. Arkasından ben yürüyorum. Çöp konteynerini başarıyla aştı. Bir lokantanın önünde kaldırımı kapatmış sandalye ve masaları ustalıkla sıyırıyor ve yürüteçiyle ilerliyor Heykel'e doğru.

Üçüncü sokak ayrımında kaldırımdan inmesi gerek. İdeal olmasa da bir rampa var, taksi durağının önünde. Fena gitmiyor yürüteçle. Onu da aştı. Yolun içinde bekliyor. Karşı kaldırıma ulaşacak. Orada da bir rampa var. Belediye mi yaptırmış köşedeki banka mı yaptırmış belli değil. Standart görünmüyor. Beklemek zorunda, çünkü karşı kaldırımın olduğu tarafa bir taksi park ediyor.

Seksenine merdiven dayamış kadın yerde sarı boya ile işaretlenmiş taksi durağı park yerine park etmesini bekliyor taksinin. Ondan sonra önündeki rampadan çıkıp kaldırımda yürüme mücadelesine devam edecek. Taksi bir iki manevradan sonra durdu ve motorunu kapattı. Ama tam o engelliler için yapılmış rampanın üzerine park etti.

Seksenine merdiven dayamış kadın çaresiz başka bir yerden kaldırıma tırmandı. Yürütecinden tutup yardım ettim. Sonra park eden taksinin içindeki şoföre yaklaşıp rampayı gösterip, engelliler için olduğunu söyledim. Tahmin edeceğiniz üzere "Ah, kusura bakmayın, dikkat etmemişim, ayıp oldu şimdi" falan demedi "delikanlı" şoför.

Arabasından çıktı, üşenmedi yanıma geldi. "Burası Avrupa değil!" dedi. Bir Britanyalı olarak o kadarını zaten biliyordum. "Avrupalı olmak gerekmiyor, az daha düşünceli olmak yeterli" falan demeye kalmadan çekti gitti.

Herhalde bunun gibi arsızların kendi aralarında konuştukları bir kod sistemi bu. "Burası Avrupa değil!" kabaca "ben insan değilim" anlamında bir kod olsa gerek. Zaten ben de orası Avrupa'dır demiyorum, Avrupa olsa ne olacak!

Seksenine merdiven dayamış kadın ağır ağır ilerlemeye devam ediyor. Bir rampa daha indi, ama karşı kaldırımda rampa yok. O işlek caddenin kenarından arabaların tersi yönde yoldan yürümeye devam. Ara sokağa döndü. Burada kaldırım hiç yok. Bir tarafa arabalar park etmiş durumda. Arkasından ve önünden arabalar geliyor. Kimisi hızlı kimisi daha sakin. Kimisi korna çalıyor, kimisi kadının yanından sessizce geçmeye çalışıyor. Teğet geçiyorlar.

Seksenine merdiven dayamış kadın, ağır ağır, yüreği ağzında, korkarak dar sokaklardan devam ediyor 400 metresi kaldırımsız 500 metrelik yoluna. Avrupa'da olmamak ve Avrupalı olmak belli ki birilerine dokunuyor. Haydi Kürt sorunu, insan hakları, çevre koruma, enerji politikası vesaireyi Avrupa'nın oyunu sananlar var anladık da insan olma gayreti de mi bir komplo?

İzmir'de yaşlı nüfus son beş yılda %25 dolayında artış gösterdi. Bu, yaşlı nüfusun ortalama nüfus artışından 3,5 kat daha hızlı arttığını gösteriyor. Engelli rampasına park eden ve Avrupa'da olmamayı marifet sanan o delikanlı taksicinin ihtiyarlayıp durumu idrak etmesini beklemek bir seçenek. Halihazırda her sekiz kişiden birinin altmış yaşın üzerinde olduğu bir şehri daha yaşanır kılmak başka bir seçenek.

İyi Pazarlar ve Bol Şanslar.

Eğitim Şart!

2 Şubat 2014

Türkiye'den dört üniversite, Times yükseköğrenim dergisinin listesinde ilk 400'e girmiş. Okuryazarlık almış yürümüş, okullaşma dağları ve karla kapanan köy yollarını aşmış. Amma velakin, eğitim, göz, ağız, kulak gibi açıklıklara rağmen kafatası kemiğini aşamamış anlaşılan. İnternette Türkiye'nin varlığı inkâr edilemez ve bu okul görmüş ama terbiye yoksulu kalmış kesim, ağzından salyalar akarak küfürlerle katılıyorlar bu çığır açan bağlantılı ortama.

Diyaspora ruh hali, memlekette ne oluyor bitiyor ile ırgalanmak lazım dürtüsü ve bilumum başka nedenle internetten gazete okuyoruz. Haber edinmek için Twitter daha güvenilir olsa da alışkanlıktan mütevellit ana akım gazetelere bakıyoruz. Çoğu zaman da habere ulaşmak mümkün olmuyor. Haberlerin altındaki yorumlara göz atınca Türkiye'nin nasıl derin bir nefretle ayrıştığını düşünüyorum.

Umarım ben yanılıyorumdur ve Gezi olaylarının artık ünlü olan o fotoğraf karesindeki BDP'li ve milliyetçi dayanışması gerçektir ve yaygındır. Ama sanırım durum biraz daha vahim. Bir ihtimal, bu yorumları yapanlar, yazdıkları söyledikleri şeylerin orada kalacağının ve görüleceğinin farkında olmayabilirler. İkincisi, başbakana küfretmek anlamına gelmediği sürece başlarına bir şey gelmeyeceğinden emindirler. Ama en kötüsü etraflarında bu tarz şeyleri ayıplayacak insanların olmadığından emin olmaları.

Ayıplamak bir kurum olarak mahalle baskısı demek; ancak herhalde iyisi var kötüsü var. Irkçılığı, cinsiyetçiliği ayıplamayacaksak... Kanunlar da yazsanız herkesin başına bir savcı bir polis dikmek istemezsiniz. Zaten savcısı, polisi başka ülküler peşindeler ve çok meşguller bugünlerde.

Sınır tanımaz galiz küfür yarışı en çok BDP ve Kürtler ile ilgili haberlerde çıkıyor karşımıza. Ancak bununla sınırlı değil. Youtube'da Fazıl Say ile alakası olmayan bir klasik müzik videosunun ya da bir Metallica parçasının altında da çıkabiliyor karşınıza. Ortada hiçbir tartışma yok iken de çıkabiliyor.

Örneğin popüler ve azınlık üyesi bir erkek sanatçının klibinin altına birisi "Biz Türkler için kız olman yeterli" yorumu yapmış. Buna cevap vermeye çalışan da "Müzik evrenseldir... Şimdi ***tirin gidin" buyurmuş. Furkan kod adlı bir başkası ise "bence bu körlüğümüz yüzünden kaybediyoruz. Ahmak olmayın yahudilere dost denilen her yerde yahudilerden zarar geldi. Osmanlı, Tc, İspanya, Medine..." (İmla hataları orjinalindedir).

İmam yellenirse cemaat ne yapmaz denilebilir, ama sanıyorum biraz daha fazlasını düşünmek gerek. Örneğin başkentin belediye başkanı ve başbakanın adamları ve dahi ananasçılar, enerjilerini ve avukat, hakim, savcı, istihbarat ve emniyetçilerini bu işlere koşsalar süper hayır işlemiş olurlar. Yanlış anlaşılmasın, milleti toptan kodese tıkın demiyorum. O zaten kolay; Kapıkule'deki tabelayı, ıslahevine hoşgeldiniz diye değiştirsek olay biter. Ancak ayıplamalı bol bol. Bıkmadan usanmadan ayıplamalı. Sadece biz ayıplasak olmaz, evde zor duran %50, başbakanını seven muhafazakâr demokratlar, liberal görünümlü muhafazakârlar durmadan ayıplasalar. Özellikle anneler, oğullarını ayıplasalar, ırkçılık ve cinsiyetçiliği bir nebze önleyebiliriz diye umuyorum.

Şimdi ağız dolusu şerreffsizlerr diyeceğim, ayıp olacak.

İyi pazarlar ve bol şanslar.

Enternasyonalist Seferberlik

31 Ekim 2010

Son bir ay içinde ikinci kez Türkiye'deydim. İki şehir, iki üniversite gördüm ve yüzlerce akademisyen ve öğrenci ile görüştüm. Dünyanın dört bir yanında insanların neden ve nasıl göç ettikleri meselesine yıllarca kafa yormuş birisi olarak, karşılaştığım insanların, bu kadar memleketi terk etme hevesinde olması beni şaşırtmadı. Ya sev ya terk et değil de hem severim hem giderim türünden bir kaçış bu bahsettiğim. Ancak yine de ya sev ya terk et diyenlerin ve onlara benzeyenlerin memleketi yaşanılmaz hale getirerek amaçlarına ulaştıkları söylenebilir.

Daha önceleri de yazmıştım, Türkiye, dışarıdan bakıldığında ve ekonominin genel göstergeleri itibarıyla son on yılda gerçekten çağ atlamış görünüyor. Bu değişim gözle görünür ve hissedilir düzeyde. En azından senede bir iki kez ziyaret eden birisi için böyle.

Kültürel ve toplumsal nitelikler büyük oranda baki kalmak kaydıyla Türkiye'nin pek çok Avrupa ülkesinden farkı yok gibi. Ücretler de artmış, yoksulluk da artmış ve daha çok da hayat pahalılığı artmış. Çoğu zaman hesap öderken "Aa, bu neredeyse Londra'dan daha pahalı" diye düşünürken yakalıyorum kendimi. Küçük Amerika olmaktan mütevellit gelir dağılımındaki dengesizlikte Avrupa değil Meksika'ya daha yakınız.

Üniversitelere davet edildiğimden oradaki durumu ve tavrı daha sık gözlemlemiş oldum. Bu arada "her köye bir üniversite" kampanyası almış yürümüş ve dağlar taşlar üniversite olmuş. Bunu kelime anlamıyla da kullanıyorum. Bir arkadaşımla yolculuk sırasında birkaç kampüs gördük ve gerçekten de nerede bir küçük şehre yukarıdan bakan hakim bir tepe bulunmuş, hemen oraya bir üniversite kurulmuş.

Akademisyen arkadaşların manzara zevkinden mahrum bırakılmasını muhakkak ki savunmuyorum. Benim için bu bina, doğal bitki örtüsü ile kaplanmış tepelerin üzerinde sunulanın ne olduğu daha önemli.

Çok sayıda ilginç işler yapan, yapmaya çalışan ve zehir gibi çalışkan öğrenci ve genç akademisyenle karşılaştım. Kerameti eski hocamız Yusuf Ziya'dan mıdır yoksa hükümetten midir bilinmez, ama her yerde bir enternasyonalizm seferberliği ilan edilmiş gibi. "Sağ Troçkizm" diye bir şey icat oldu belki de. Herkes bir yerlere gitmeye çalışıyor.

Daha muhafazakâr kampüsler Orta Asya'ya açılmışlar, Türki ve gayri-Türki üniversitelerle enternasyonalleşmişler. "Yüzü batıya dönük olanlar" -Ne demekse artık? Herhalde tepelerin batı yamacına konuşlanmış olanlar!- ise Avrupa ama illa ki doğu ve güney Avrupa ile kaynaşma çabasındalar. Avrupa Birliği değişim programları, TÜBİTAK ve YÖK'ün destek programları ile geniş imkânlar yaratılmış.

Böyle gide gele, başkalarına baka baka sanırım -ve umarım- memlekette bilimsel çalışmalar gelişecek. Türkiye'nin meselelerine eğilmiş çok sayıda akademisyen de var, ancak öz-sansür de o oranda yaygın ve gelişmiş. Hemen her konuda bir yığın gereksiz kırmızı çizgi ve hassasiyet olduğundan, üniversiteler hâlâ Afrika'daki etnik çatışmalar üzerine araştırma merkezleri kurmayı daha uygun buluyor. Halbuki çoğu zaman kampüsün kurulduğu tepenin hemen ardında ya da aşağısında âlâsı var araştırmak ve anlamak istedikleri çatışmanın.

Enternasyonalist seferberlik bu öz sansürün de aşılmasını getirebilir mi? Belki, ama sınırlı sayıda örnekte gördüğüm "gate-keeper" diyebileceğimiz kurullar ve kişiler kolay kolay değişmiyor. Karar vericilerin ve unvan dağıtıcıların siyasi bilinci çok yüksek olduğundan tez konularının, kelimelerin, terimlerin ve yöntemlerin çok dikkatli seçilmesi gerek. Örneğin Türkiyeli tabiri sizi başbakan yapabilir, ama okulu bitirmenizi de engelleyebilir.

Bunun kurumsal değil de kişisel düzeyde yaygın bir sorun olduğunu düşünüyorum. Beton kafalar var, ama yapı tamamen betonarme değil. Yani bu kurulların üyelikleri yenilendikçe uzun vadede gereksiz hassasiyetler zayıflayıp kaybolabilir. Böylece öz sansür de gevşeyip özgür düşüncenin önü açılabilir. Belki de ben çok iyimserim.

İyi pazarlar ve bol şanslar.

Heves de Etmez miydi?

12 Nisan 2010

Yıllar önce bir arkadaştan hoş bir Temel fıkrası dinlediğimi hatırlıyorum. Şivesiyle hikâyesiyle güzel bir tat kalmış aklımda ama tamamını hatırlamıyorum. Temel vefat etmiş. Cenazesinde karısı ağıtlar yakıyormuş: "Aah, ne güzel şiirler yazardı, ne güzel romanlar yazardı, çok güzel resimler yapardı" diyerek dövünüyormuş. Bunu gören Temel'in arkadaşlarından biri yanına yaklaşıp sakinleştirmeye çalışmış: "Yahu Temel okuryazar bile değildi sen neler diyorsun?" Kadın bir an durup sakin sakin: "Heves de etmez miydi?" demiş.

TÜBİTAK'ın yurt dışında doktora yapmış Türk bilim adamlarını memlekete geri döndürmek için ilan ettiği programla ilgili haberi görünce bu fıkra aklıma geldi. Bir heves olduğu kesin.

Programa göre yurt dışında doktorasını yapmış Türk vatandaşları en az iki yıl uzmanlık alanında ücretli olarak yurt dışında çalıştıktan sonra TÜBİTAK araştırma burs programına başvurup ülkelerine geri dönebileceklermiş. Böylelikle kanayan yara beyin göçü tersine çevrilecek!

Ama pek ufak tefek sayılamayacak sorunlar var programda. Yurt dışında doktora yapmış olma şartı tamam, Türkiye'de bir üniversiteden kabul yazısı tamam, araştırma planı ve referanslar da tamam. Tamam olmayan doktora sonrası, en az iki yıl uzmanlık alanında yurt dışında ücretli çalışma şartı.

Türkiye'ye dönerse böyle bir "beyin", aylık 2.750 TL burs alacak TÜBİTAK'tan. Şimdi hayal edin ki öyle bir "beyin" olmuşsunuz, o yetmemiş yurt dışında doktorayı da bitirmişsiniz. Dahası mali krizi de atlatıp iki yıl ücretli olarak çalışmışsınız yurt dışında. Muhtemelen doktora yaptığınız kurum ayarında bir yerde. Sonra vay memleket hasreti bacayı sardı diyerek döneceksiniz Türkiye'ye.

Batı Avrupa ve Kuzey Amerika'da bilim sektörlerinde iş bulmak zor zanaat. Bütün dünya ile yarışıp sınırlı sayıda kadrodan birini almaya çalışacaksınız. Doktorasını tamamlamış genç bilim insanları genelde düşük ücretlere çalıştırılıyorlar, ancak iki yıl çalıştıktan sonra da 2.750 TL'den daha iyisini rahatça elde edebilirler. Zaten çoğu durumda doktora sonrası başladıkları ilk işte en azından bunun yüzde 25 yüzde 50 üzerinde maaşlar alırlar. Gelişmiş, olgunlaşmış araştırma ortamlarında oldukları için zaten daha iyi ve etkili işler yaptıklarını ve dolayısıyla bilimsel olarak daha tatmin edici bir çalışma ortamına sahip olduklarını da tahmin edebilirsiniz.

Şimdi beyin göçünü tersine çevirmek amaçlı bu programın neyi başarabileceğini de görebilirsiniz. Böyle bir programın çekici olabilmesi için ya maddi olarak çok iyi bir teklif içermesi gerekli ya da araştırma olanakları açısından cazip bir şeyler önermesi gerekli. Aksi takdirde çekebileceğiniz iki muhtemel grup var: İşsiz kalmış doktoralı Türkler ve çok yoksul ülkelerde doktora yapmış ve çalışan Türkler. İki gruptaki arkadaşlara da haksızlık etmek istemem. Dilerlerse tabii ki bundan yararlanıp memlekete dönsünler. Programın amacının, örneğin Gana, Peru, Tanzanya ve Kamboçya'da doktora yapmış hemşerilerimizi engin ve zengin Türk akademisine kazandırmayı amaçlamadığını tahmin ediyorum.

Neyse, heves var muhakkak ama dediğim gibi Temel okuryazar bile değildi!

İyi günler ve bol şanslar.

FREELONİA'NIN SON HALLERİ

Koronavirüs Salgınında Sultanın Halleri ve Freelonya'da Önlük Skandalı

11 Mayıs 2020

2020 yılı aslolarak hiç iyi başlamadı. Ocak ayının ikinci haftasından itibaren koronavirüs ya da teknik adı ile KOVİD-19 tüm dünyayı kasıp kavurdu. Mayıs ayının ilk haftası geçilirken dünya genelinde 4 milyon KOVİD-19 vakası ve yaklaşık 300 bin KOVİD-19 kaynaklı ölüm olduğu rapor edildi. Bu sayılar 1918 deki İspanyol Gribinden bu yana dünyanın gördüğü en ağır salgınla karşı karşıyayız anlamına geliyor.

Salgın her açıdan biraz turnusol kağıdı görevi gördü. İnsanlar dostlarını tanıdılar, kendileriyle başbaşa kaldılar. Külah düştü kel göründü. 'Demokratik' diye tarif edilen kişisel hak ve özgürlüklerin biraz daha geniş olduğu ve yönetimlerin hasbelkader hesap verebilir olduğu ülkelerde şeffaf ve detaylı veri akışı ve bilgilendirme göze çarparken 'kol kırılır yen içinde kalır' kültürünün hakim olduğu ülkelerde virüsün 'pek bir çekingen' davrandığını gördük.

Türkiye maalesef bu karşıtlık tablosunda yine yanlış arkadaşların arasında kaldı. Yanlış arkadaşlar durumunu genel olarak Freelonia kurgusuyla anlattığımı biliyorsunuz bu konuda da aynı hizadan devam edelim.

Malumunuz Koronavirüs salgınından Freelonya kırılıyor. Kırılıyoruz ama ezilmiyoruz!

Çin imparatorluğunda patlak veren malum virüs salgını hızla dünyaya yayılırken önce bizim Freelonya'yı es geçti. Ülke çok cazip olduğu için herkesin gözü üzerinde ve etrafı düşmanlarla çevrili. Hatta tepeden tırnağa içi ve dışı düşmanla kaplı.

O yüzden hemen ayak oyunları başladı. Önce Dünyanın Bankası tahrik edici bir duyuru yaptı. 3 Mart tarihli duyuruda, Koronavirüsle mücadelede bulunan ülkelere 12 milyar dolar yardım yapılacağı belirtildi. Bu tahrik edici hareketin üzerinden bir hafta geçti geçmedi ilk vaka Freelonya'da da görüldü.

İki aydır Çin ve Roma imparatorluklarını ve Acemi ve Farsı kasıp kavuran ve on binlerce hasta ve binlerce ölüme yolaçan virüs bu tahrik edici duyuru üzerine memlekete de bulaştı. Sanki böyle bir paraya desteğe ihtiyaç varmış gibi. Ondan sonra vaka sayıları hızla arttı maalesef ama ölüm sayılarına sınırlama getirdik. Ölümden bahsedenleri ve bahsetmek isteyenleri de terörist ilan edince istatistikler makul seviyelere çekildi. Zaten Freelonya'da ölüm Allahın emridir, gerisi teferruattır.

Adı batsın, dünyanın bankası uslanmadı ve küstah tahriklerine devam etti. Nisan ayı sonuna doğru ölüm sayılarının yeterince artmadığını görünce 100 milyon dolar vermeye karar vererek tahriklerine devam ettiler.

Halbuki Freelonya'da biz bize yetiyorduk. Hatta bizim sultan biraz tarihe meraklı. Netflix'te Ertuğrul'un Çadırı, Kürtlerin Vadisi, Hürrem'in Aynası gibi diziler izleyip kültürünü geliştirmiş. O yüzden imparatorluk hevesleri edinmişti. Dili tam anlamasa da 'ecdat' 'reyiz' vesaire epey ilerletti.

Zamanının süper gücü olan Osmanlının Kanunisi gibi oraya buraya yardımlar yapmak istedi. Tuğrasını heryere basma merakı biraz abartı oldu ama Freelonya'nın Sultanı kimmiş herkes öğrendi. Vezirleriyle konuşup 'yav, zaten bizimkiler ölümden korkmaz, şehit olur' maske, önlük, eldiven vesaire toplayalım Britanya kraliçesine, Alman imparatoruna falan hediye gönderelim dedi. Süper fikirdi. Hem çok üretir içerde de Freelonyalılara yok pahasına satardık.

İş bitirici Freelonya Sultanı ve avanesi fena sükse yaptılar. Hediye edilenin on katı da satın almaya karar verdi batının zavallı krallıkları.

Nankör bunlar tabii. Gönderilen onbinlerce malzemeyi tek tek test etmeye kalkmışlar. Neymiş efendim 6900 test edilen kitten 2400'ü standartlara uygun bulunmamış. Ey Britanya, sen kimsin ya! Halbuki biz bu test ve teftiş işlerini iyi biliriz. Freelonya'da adettendir. Test edilecek kitler mükemmel yapılır ve gelen müfettişe kolaylık olsun diye seçilip önüne konur. Mührü basarsın ve her şey şahanedir. Tek tek hepsini test etmek ne oluyor! Sultan'ın kadim muhalifleri bile duruma bozulup 'Böyle bir şey olabilir mi?' diye isyan ettiler.

Freelonya, Freelonya olalı böyle nankörlük görmemişti.

Bir taraftan dünyanın bankası tahriklerde bulunuyor, bir de bu nankörlüklerle uğraşıyoruz. İçerden de nankörlük bitmiyor. Vezirlerden biri bana nanik yapıyorlar diye istifa etmeye kalktı.

Neyseki Freelonyalıların genleri sağlam virüs hasta ediyor ama öldürmüyor. Bütün dünya o yüzden kıskançlıkla izliyor. Bütün ülkelerde vaka sayıları ve ölüm sayıları orantılı bir şekilde artarken Freelonya'da test edilen her 10 kişiden birinin hastalığa yakalanmış olduğu görülüyor ve vaka sayıları hızla artarken ölümler neredeyse yerinde sayıyor. Dünyanın her yerinde hastalığa yakalananların 3'te 1'i iyileşirken Freelonyalıların 3'te 2'si iyileşiyor. Mecbur bir kıskançlık yaratıyor.

Hikayeye kendimi fena kaptırmışım. Neredeyse inanacaktım ki bir gürültü ile uyandım.

Ankara Anlaşmalılar: Hocam Biz Mutsuzuz!

27 Ocak 2020

Koronadan bir adım geri çekilip son demokratik hallerimize döenlim yeniden. Bir akşam Kuzey Londra Toplum Merkezi'nde Londra'nın duayen Türk gazetecilerinden Faruk Eskioğlu'nun kitap tanıtım toplantısı vardı. Eskioğlu'nun 35 yıldır Londra'da biriktirdiği toplum arşivinden derlediği "Londra'da Bizim'kiler" kitabının tanıtım toplantısı toplumun her kesiminden insanı bir araya getirdi.

"Londra'da Bizim'kiler" yaklaşık yedi sekiz yıl süren bir emeğin ürünü ve baskı ve yayımlanma süreci dahil bir kaç yılı almış, ince elenmiş sık dokunmuş bir kitap. Bu yüzden de son bir kaç yılda gözlemlediğimiz göç hikayesini pek kapsamıyor. Yani "Ankara Anlaşmalılar" bu kitapta yok. Ancak geceye katılanlar arasında hatırı sayılır miktarda 'Ankara Anlaşması ile İngiltere'ye Gelen' de vardı.

Bu arkadaşların bir kısmıyla ayak üstü sohbet etme fırsatı da bulduk. Ekseriyeti son iki üç yıl içinde Londra'ya gelmiş olan bu Ankara Anlaşmalılardan birisi daha merhaba, nasılsın demeye fırsat bulamadan söze girdi: 'hocam biz mutsuzuz!'.

İnsanların bir arkadaşın uzun emekler sonucu yayınladığı kitabının toplantısında yüzlerinde gülümseme emojisiyle takıldıkları ortamda pat diye böyle bir şey duyunca bir an ne diyeceğimi şaşırdım. Hemen topu teoriye attım. Bizim göç ve çatışma modelinde tam da anlatmaya çalıştığımız şeyin bu olduğunu, insanların bir güvensizlik, rahatsızlık ortamından kaçmak için göç ettiklerini, ama göç edilen yerde yeni rahatsızlıkların olabileceğini belirttim. Kısaca teorinin pratiği kurtardığı an oldu.

Akşamın ilerleyen saatlerinde konuştuğum sanatçı iki arkadaş Londra'ya geldikten sonra karşılaştıkları sıkıntıları ve bundan dolayı mutsuz olduklarını söylerken bunun beklenen bir şey olduğunu düşündüm. Göçün mutlulukla, daha ziyade mutsuzlukla doğrudan bir ilişkisi var. İnsanlar mutsuz oldukları zaman göç etmeyi düşünüyorlar.

Türkiye'nin mutsuzluk endeksinde hızla dibe doğru ilerlemesine paralel ülkeden göçün artması şaşırtıcı değil. Türkiye'nin son 40 yıldır öyle mutlu bir yer olmadığını zaten biliyoruz. Bir milyondan fazla mülteci yaratmış ve her yıl onbinlerce vatandaşın yurtdışına göç ettiği bir ülke de mutluluk arayanların çokluğunu tahmin etmek güç değil. Ankara Anlaşması ile İngiltere'ye gelenler de bu mutsuzluktan kaçanlar sınıfı. Siyasi ve kültürel eğilimlerinin ötesinde genel olarak iyi eğitimli, kariyer sahibi, girişimci ve olgun insanlar.

Bu arada kısaca hatırlatalım. Ankara Anlaşması Türk vatandaşlarına Avrupa Ekonomik Alanında diğerleriyle eşit haklar veren ve en önemlisi işçiler için serbest dolaşım öngören bir anlaşma. İşçi göçü, aile göçü, sığınma başvurusu gibi başka göç kanallarından göç etmek zorlaştığında bu anlaşma Türk vatandaşları için cankurtaran oldu. AB ülkeleri en başta bu serbest dolaşım hakkını reddetse de 20 Eylül 2007'deki Avrupa Adalet Divanı'nın Veli Tüm ve Mehmet Darı lehine verdiği karar bu kapıyı sonuna dek açtı.

Bizim üniversitedeki araştırma merkezinde 2014 yılından bu yana Ankara Anlaşması yoluyla Türkiye'den İngiltere'ye gelenleri inceliyoruz. Doç Dr Tuncay Bilecen üçüncü kez bu konudaki saha çalışmaları için bir yıllığına Londra'ya geldi. Bu araştırma başladığında bu kapsamda göç edenler yok denecek kadar azdı. Birleşik Krallık İçişleri Bakanlığı verileri 2015 itibariyle toplamda 5,000'in altında başvuruya işaret ediyordu. Bakanlıktan en son alabildiğimiz verilere göre 2019'un son çeyreğinde bu kategoride Türkiye'den göç edenlerin sayısının 55 bini aştığını görüyoruz. Bu sayı 1990'lar ve 2000'ler boyunca bu ülkeye gelip sığınma başvurusu yapan Kürt göçmenlerden daha fazla. Yani mutsuzluk etkisi 'düşük yoğunluklu iç savaş' dönemi kadar büyük.

Mutsuzluğun nedenlerine daha sonra yeniden döneceğim. Şimdilik burada bırakalım: Göçün mutlulukla bir ilgisi var, başka bir yerde mutluluk arayışıyla.

İyi haftalar ve bol şanslar.

Kovid-19, Mülteciler ve İnsanlık 1.0

2 Mart 2020

Malum herkesin gündemi Çin'de başlayıp yayılan Kovid-19 virüsü. Bir kaç hafta önce Guardian gazetesinde virüsle ilgili abartılı söylemlerin virüsten daha tehlikeli olduğuna vurgu yapılmıştı. Bu önerme hala geçerli diye düşünüyorum. Kapsama alanı da sağlık terimlerinin ötesinde.

Öncelikle doğruları görmek ve orantılı tepki vermek gerekiyor. Bu virüs uzmanların görüşüne göre sıradan grip ile kıyaslandığında 10 kat daha fazla öldürme riski taşıyor yani binde bir yerine yüzde 1. Yaşlılar, bebekler ve başka hastalıklara sahip olanlar da risk daha yüksek. Bütün grip druumlarında olduğu gibi başkalarıyla yakın temasta bulaşma ihtimali daha yüksek. Muhtemelen bir yıl zarfında bu virüse karşı bir aşı geliştileceği bekleniyor. Buraya kadar dikkat ettiyseniz dini veya etnik bir konu yok.

Dünya'da bu ve benzeri pek çok salgın hastalık görüldü ve şimdilik bildiğimiz bu en kötüsü değil. Yani çıkaracağımız ders: 'temizliğinize dikkat edin ve umutlu olun'.

Zurnanın zırt dediği yer ve bu virüsü diğerlerinden farklı ve muhtemel daha tehlikeli kılan tarafı ise uzak alakalar kurulması. Bizim bu taraflarda bir kaç haftadır kaygı verici bir gelişme de bu. Hem medya da ama daha da çok sokakta bir 'Çinli düşmanlığı' hortladı.

1918'deki İspanyol Gribini de Çinlilerin bulaştırdığını iddia edenler oldu. O dönemdeki domuz gribinin Birinci Dünya Savaşı'nda Avrupa'ya gelip cephe gerisinde savaşa katılan Çinli işçilerin getirdiği iddiası absürd.

İnsanlarda kısmen haklı olarak bir korkma hali söz konusu yakın zamanda Çin'e gitmiş olan ve virüsün semptomlarını taşıyan kişilerden uzak durmaya çalışmak neredeyse iç güdüsel. Genel uyarılarda sürekli Çin vurgusu olduğu için bu tepki de güçlenmiş durumda. Ancak hepimizin bildiği virüsün Çinli olmadığı. Çin'de ortaya çıkmış olması da başka yerlerde olmadığı anlamına gelmiyor.

Özellikle İtalya ve diğer ülkelerde ortay çıkan çok sayıda vaka bu işin etnik olmadığına işaret. Ancak tehlike bu kez de İtalyanların günah keçisi olmasına yol açması.

Uzun sözün kısası tam işin bu çirkin yüzü nasıl temizlenecek; bu en az virüs kadar tehlikeli derken Türkiye el yükseltti ve zaten var olduğunu bildiğimiz ırkçı dışlayıcı söylemler mültecileri ve özellikle Suriyelileri hedef alarak, geçen hafta cerahat gibi akmaya başladı.

Türkiye maalesef çok uzun bir süredir Suriye ve diğer ülkelerden Türkiye'ye gelip sığınma talebinde bulunmuş olan insanları AB ile müzakerelerinde bir koz olarak kullanma çabasındaydı. Son İdlib çatışmasından bu yana bu gerçek oldu. Resmi olarak Türkiye kendisine çaresiz kalıp sığınmış insanları kış ortasında yollara döküp Yunanistan ve Bulgaristan sınırına yönlendirdi.

Bunun iki anlamı var. Birincisi yıllardır edinilmeye çalışılan ve hatta başarılı da olunan özverili, insani odaklı ülke, mültecilere kucak açan ve sorumluluğunu yerine getiren ülke statüsü bu hamleyle berhava olmuş oldu. Çünkü bu son hamleyle 'sorumsuz ülkeler' klasmanına indi.

İkincisi bu hamle 'blöf' olarak kaldığında sahip olduğu etki gücünü yitirmiş oluyor. Bunun bir kaç nedeni var. Öncelikle 2015 benzeri hareketliliklerin olması düşük bir ihtimal. Çünkü pek çok sığınmacı yerleşti. Aynı zamanda Avrupa'da çeştli önlemler alındı ve daha da önemlisi göçmen ve mülteci düşmanlığı aşırı derecede arttı. Yani 5 yıl öncesi kadar cazip değil.

Türkiye'nin bu hamleyi yaptıktan sonra elinde en azından mültecilerle ilgili herhangi bir 'kozu' kalmamış oluyor. Bundan sonra parmak sallayarak yaptıracağı bir şey yok kısaca. Ancak sınırlarla ve AB ile ilişkiler ne olursa olsun, Türkiye'de yaşamaya devam edecek olan milyonlarca Suriyeli ve diğer göçmenin hedef haline getirilmemesi ve 'insanlık 1.0' ayarlarına geri dönülmesi elzem.

Kovid-19 Salgını ve Tedbir Almanın Dayanılmaz Hafifliği

23 Mart 2020

Kovid-19 ya da Koronavirüs salgını geliştikçe durumu erken kavramanın ve tedbir almanın önemi daha net olarak ortaya çıktı. Mayıs ayına gelindiğinde halen Türkiye'deki ölüm sayılarının görece düşük olmasına bakıp sevinilebilir belki. Ancak bu kadarından da kaçınılabilir olduğunu anlamak için erken yola çıkan bazı ülkelere bakmak yeterli.

Dünya Sağlık Örgütü'nün verileri üzerinden yaptığımız analizler hem tedbirlerin etkisi hem de pandeminin seyri açısından önemli ipuçları veriyor.

Mart ayı sonuna doğru daha katı tedbirler dünya geneline hızla yayılmaya başladı. Son olarak Salı günü itibariyle İngiltere de Batı Avrupa'nın geneline uydu ve sokağa çıkma yasağı başladı. Ancak bu yasakların ve genel olarak sosyal mesafe koyma tedbirlerinin ne zaman uygulamaya konulduğu ve kovid-19 test yoğunluğunun önemi artık çıplak gözle görünür hale geldi.

Dünya Sağlık Örgütü başkanının son açıklamasında da belirttiği üzere vaka sayılarının dünya genelinde 100 bine ulaşması için 72 gün gerekti, ikinci yüzbin için sadece 11 gün ve 300 bine ulaşması için ise 4 gün!

Biz de BirGün için bu yayılma hızını analiz ettik. Dünya Sağlık Örgütü'nden aldığımız verilerle özellikle virüsün ileri düzeyde yayıldığı ve tedbirlerin geçmişi olan ülkelerdeki durumu analiz ettik. Henüz sadece 10 gündür vaka olduğunu raporlamaya başlamış olmasına karşın Türkiye'yi de analize dahil ettik.

Her ülkede belirli sayıda vakanın tespit edildiği sürelere baktık. Vaka sayısının kaç günde 200'ü bulduğuna, kaç günde 200'den 500'e çıktığına, kaç günde 500'den 750'ye ve kaç günde 1000'i aştığına baktık.

Verilerde bazı ülkelerin virüsün yayılmasına daha dirençli olduğu gözlemleniyor. 1000 vaka sayısına görece daha sanayileşmiş ülkelerde çok daha geç; 40 gün veya daha uzun sürede ulaşıldığını görüyoruz. Japonya ve Güney Kore gibi çok erken tedbir almaya başlamış olan ülkelerde de bu sürenin uzun olduğunu görüyoruz.

Tedbirler ve testler konusunda geriden gelen ülkelerde ise sayıların hızla yükseldiğini görüyoruz. Sanayileşmiş ülkelerde 1000 vaka sayısına 40 gün ve üzerinde ulaşılırken Türkiye ve İran'da 10-13 günde ulaşılmış. Avrupa'da sosyal mesafe tedbirlerine en erken başlamış olan İtalya'da ise 31 günde ulaşılmış.

En çok vakanın tespit edildiği ve vakalarla yüzleşmeye görece en erken başlamış ülkeler olan Çin, İtalya, İran, ABD, İspanya gibi ülkelerde binden 15 bine kabaca 10-12 gün içerisinde ulaşılmış.

İtalya ve Çin ise 15 binden 50 bin sayısına 9-10 günde ulaşmış durumda. Bu tabloda umut verici olan bu beş ülkede görülen vaka sayısı artışları şimdilik birbirne paralel görünüyor. Bu aynı zamanda da kötü haber çünkü pandeminin aynı hızla yayılmaya devam etme olasılığının yüksek olduğunu gösteriyor. Yine de tedbir almada geciken ülkelerde bu sürelerin daha kısalacağını tahmin ediyoruz.

Ülkeler arasında gözlemlediğimiz vaka sayısına ulaşma süresindeki farklılıkların pek çok nedeni olabilir. Kültürel ve coğrafi nedenlerin olduğunu düşünebiliriz ancak daha somut olarak testlerin yoğunluğu ve yayılmayı önleyici tedbirlerin önemli olduğundan şüphe yok.

Bundan sonra pandemi nasıl gelişebilir?

Şu ana kadar gördüğümüz seyir bir kaç değişik model oluştuğunu gösteriyor. Birincisi Japonya ve Kore'de görülen yüksek test sayıları ve sıkı kontrol ile eş güdümlü çok düşük vaka sayıları. İkincisi İtalya'da gözlemlediğimiz çeşitli sosyal mesafe tedbirlerine karşın hem vaka hem ölüm sayılarının yüksek olduğu seyir. Üçüncü model ise hem test sayılarının hem vaka sayılarının düşük olduğu ama kontrolsüz yayılmanın yüksek sayılarda olabileceği ülkeler.

Avrupa ülkelerinde virüsün yayılma seyrinin İtalya örneğine benzer geliştiğini görüyoruz.

Türkiye'nin İtalya'daki seyri yaklaşık 20-22 gün geriden takip ettiğini görüyoruz. Türkiye'nin 11. günde geldiği seviye İtalya'nın 32. günde geldiği seviyeye çok yakın. Buradan görünen Türkiye'nin vaka sayısı olarak önümüzdeki 10 gün içerisinde 20 bin düzeylerine çıkmasını bekleyebiliriz. (3 Nisan 2020 tarihinde Sağlık Bakanlığı vaka sayısının 20 bin 921 olduğunu açıkladı.) Aynı dönemde maalesef ölü sayısının da 1200-1400 bandına yaklaşması muhtemel.

Son olarak Çin'e dair bir iki noktayı vurgulamakta fayda var. Geçmişinin Kasım ayı ortasına gittiğini bildiğimiz Kovid-19 konusunda en sıkı çalışmayı en önce yapan ülke olarak Çin bir taraftan umut veriyor. Ancak demokratik teamüllerin çok dışında hareket eden bir ülke olduğu için de haklı olarak vaka sayısının azaldığı yönünde bilgiler şüphe uyandırıyor. Bugünlerde sokağa çıkma yasağını kaldırmayı düşünen Çin'i bir süre daha ilgiyle izleyeceğiz. Duyduklarımız gerçekse bu krizin 3-4 ay zarfında sıkı bir rejimle aşılabileceğini düşünebiliriz. Ancak genel olarak vaka sayılarının test ve tedbirlere geç başlayan diğer ülkelerde çok daha yüksek olacağı neredeyse kesin olduğunu tahmin ediyorduk. Maalesef, Nisan ve Mayıs aylarında gözlemlediğimiz vaka sayıları ve ölüm sayılarındaki seyir bunu fazlasıyla teyit eder nitelikte gerçekleşti.

Pek çok bilimsel analiz, kontrol altında, sosyal mesafe uygulandığı durumda yayılma hızının yüzde 90 dolayında azaldığını gösteriyor. Bütün mesele bu tedbirleri erken alıp sıkı uygulayabilmekte. Mayıs ayı itibariyle Yeni Zelanda, Güney Kore, Japonya, Tayvan gibi ülkelerdeki vaka ve ölüm sayılarının düşük seviyelerde seyretmesi bu öngörünün ne kadar yerinde olduğunu gösteriyor.

Covid-19 ve benzeri pandemik krizlerine karşı erken tedbir almanın mümkün olduğunu biliyoruz. Kesin olan ne virüsün ne de sonuçlarının kaçınılmaz olmadığı. Gelinen noktada sosyal mesafe uygulaması, aşı geliştirme çabaları dışında atılabilecek en önemli adım olarak karşımıza çıkıyor. Buna ne kadar disiplinli biçimde uyulursa kayıplar da o kadar az olacak.

Not. Bu yazının BirGün'de yayınlanan ilk versiyonu Ankara Üniversitesi'nden Murat Yüceşahin ile birlikte yazılmıştır.

Koronavirüs ve 'Şaibeli' Sayılar

6 Nisan 2020

Sayılar hızla artmaya devam etse de Çin, İtalya ve İspanya'dan gelen yavaşlama haberleri tünelin sonunda ışığın belirmeye başladığını gösteriyor. Çin Wuhan'da hayatı yavaş yavaş normale döndürmeye çalışıyor. İtalya ve İspanya'da ölüm sayıları azalmaya başladı.

Çin dışındaki ülkeler için virüsün İtalya'daki seyrinin örnek oluşturduğunu ve benzer bir gelişimin hemen her yerde görüldüğünü biliyoruz. Yaptığımız analizler ve tahminler bunu doğruluyor. Bu seyri etkileyen bir çok faktör var. Ancak sosyal mesafe, self izolasyon ve sokağa çıkma yasağı gibi etkili tedbirleri almada geç kalan ülkelerde sayıların daha hızlı arttığı ve daha yüksek seviyelere ulaştığını da görebiliyoruz.

Bu hafta itibariyle Çin'de görülen seyrin de başka ülkelerde takip edileceğine dair bir beklenti oluşuyor. İspanya ve İtalya'da zirveye ulaşıldığı, bundan sonra yatay bir gelişme izleneceğini umuyoruz. Bu toplam vaka ve ölüm sayılarının bir süre daha düşük hızlarda artacak demek.

Burada bir parantez açıp geçen haftaki 'Çin'de gerçek sayıları açıklamıyorlar' iddiasına değinmek istiyorum. Çin takdir edersiniz şeffaflık abidesi değil. Pek çok başka ülke de değil. Ancak bu konuda gerçeğe yakın bir raporlamanın yapıldığını teslim etmek gerek.

Kovid-19'un yayılımı ve Çin'deki göçmenler ve Çin dışındaki Çinli göçmen nüfuslar üzerinden yaptığımız analizlerde, Özgürlük/Açıklık Endeksi skorlarını da modellere dahil ettik. Buradaki kaygımız otoriter ve otoriter eğilimli ülkelerde gerçek sayıların altında raporlama yapılmış olabileceği idi. Ancak sonuçlar öyle çıkmadı. Özgürlük endeksi ile vaka sayıları ve ölüm sayıları arasında anlamlı istatistiki bir ilişki bulamadık. Bir başka ifade ile Çin gerçekleri saklıyorsa herkes onun kadar saklıyor.

Bu çalışmaya şu linkten ulaşılabilir: https://doi.org/10.33182/ml.v17i2.935

Zaten Çin'le ilgili iddianın kaynağına bakarsak durum biraz daha netleşir. Haberi geçen Amerikan muhafazakar yayın organı Bloomberg. Haberin aslında kullandıkları ifade şu: "İki CIA memuru ile görüştük. İsimlerinin açıklanmasını istemeyen memurlar, geçen hafta Beyaz Saray'a gönderilen raporun gizli olduğunu ve detaylarını paylaşamayacaklarını söylediler. Ancak kabaca raporun Çin'in kamuoyuna yaptığı açıklamalarda vaka ve ölüm sayılarını düşük gösterdiğini söylediler."

Özetle ismini açıklamayan iki CIA ajanı, içeriğini paylaşmayacakları gizli bir rapor olduğunu ve buna göre Çin'de açıklanan sayılar gerçek değilmiş! Artık yerseniz. Bloomberg haberine mal bulmuş mağribi gibi atlayanlara selam olsun.

Virüsün gelişimi ile ilgili ve tedbirlerle ilgili bilimsel veriler bize Çin'deki seyrin de ABD gibi tedbir almaya 3 ay sonra başlayan ülkelerdeki seyrin de beklentiler çerçevesinde olduğunu gösteriyor.

İspanya ve İtalya'daki ölüm sayıları üzerinden Economist dergisi için yapılan bir demografik analize göre, Kovid-19 bağlantılı ölüm sayılarının rapor edilenin iki katı olabileceği ileri sürüldü. Bazı bölgelerdeki vefat sayılarında görülen aşırı artış bunu destekliyor. Ancak pek çok ülke için bunu test etmemiz nüfus kayıtlarının tam olarak açıklanmasından sonra mümkün olacak.

Yine de bu tablodan çıkaracağımız tek şey umut. Yani Çin'de olduğu gibi seyrederse yaklaşık 3 ayın sonunda hemen her yerde hayatı normale döndürmek mümkün olabilir.

Ancak bu 'normal' geçici bir normal olacak. Çünkü şu ana kadar ki bütün tedbirler salgından etkilenen insan sayısının mümkün olan en düşük seviyelerde zirve yapmasını sağlamak içindi. Yani uzun süre bu virüsle başbaşayız. Beklentiler önümüzdeki aylarda yavaşlayacak vaka sayılarının sonbaharda yeniden yükselmesi.

Uzun lafın kısası bahar ve yaz umudumuz geçen haftaya göre daha yüksek.

İyi haftalar ve bol şanslar.

Koronavirüs ve Korku İmparatorluğu

20 Nisan 2020

Hafıza-ı beşer nisyan ile malüldür. Ortalama olarak en fazla 10 yıl öncesini hatırlıyoruz. O yüzden kayıtlı tarihte ne kadar berbat olduğunu bildiğimiz pek çok kişi ve kurum yıllar sonra kel ölür sırma saçlı olur misali karşımıza çıkabiliyor.

Örneğin Ankara'nın şu veya bu tepesindeki şişman veya zayıf, uzun veya kısa adam ve kadınların hepsi üç aşağı beş yukarı eşit derecede işçi düşmanıydı. Ancak gazete arşivlerini deşince bu hafıza tazelenebiliyor. Yoksa bu kişilerin güler yüzlü rahat pozlarından göz gözü görmüyor.

Hatırlayan var mı? Neden havaalanlarında kemerlerimizi çıkarıyoruz? Neden 100ml minik şişelerle şeffaf poşetlere koyduğumuz tuvalet malzemeleri test ediliyor? Neden daha sofistike vücut görüntüleme makinelerinden geçiyoruz?

11 Eylül New York ve 7 Temmuz Londra saldırılarından dolayı.

Elimizde hiç bir kanıt yok 100ml değil de 125ml parfümle bir uçağı ele geçirecek veya düşürecek bomba yapıldığını görmedik ama o güvenlik taramasını yapan memur sizi gözaltına alabilir itaat etmezseniz. New York bombalamasının faillerinin çantalarından kocaman ruj takımlarını çıkarıp, bellerinden kemerlerini sıyırıp bu uçakları kaçırıp Dünya Ticaret Merkezine çarpmadıklarını biliyoruz. Ama her yıl kuzu kuzu milyarlarca insan bu kontrollere tabi tutuluyor.

Aradaki neden-sonuç ilişkisinin de önemi yok. 'Teröristler' dendiğinde akan sular duruyor. Ne rujla ne parfümle ilişkisini kuramadığımız bu terörizmin ilişkisini kurabildiğimiz çok temel bir nedeni var. Bu nedeni istatistiki olarak da ispatlayabiliriz, çıplak gözle de görebiliriz. Ancak önlem almıyoruz. Irak ve Afganistan'ın işgali ile bu terörizm arasında çok net bir ilişki var. Ama 11 Eylül'den sonra da 7 Temmuz'dan sonra aile boyu parfümle uçmayı bıraksak da buraları işgal etmeye devam ettik.

Uzun lafın kısası insanları korkuyla ıslah etmek pek çok başka yönteme göre daha etkili ve çabuk sonuç veriyor. Korku için de bilimsel kanıttan ziyade fısıltıyla söylenen abartılı dedikodular daha etkili.

Kovid-19 ile de sadece hastalık ve ölüm gelmiyor. Bu salgının kökeni, nedenleri ve nasıl başa çıkılacağı konusunda henüz bir uzlaşma oluşmadı ancak hayatımızı ciddi anlamda değiştirecek bazı örüntüler görünmeye başladı.

Hayatımız değişecek. Bundan sonra sokağa maskesiz çıkmak mümkün olmayabilir. Bu süregiden bir tartışma. 100ml parfüm yasağı gibi bir durum. Etkili olduğunu düşünüyoruz ama bilimsel kanıtlar orada değil. Önemli değil, muhtemelen biz yine de yapacagız.

Havaalanlarına girerken ateşimizin ölçülmesi belki olağan hale gelecek.

Bu arada mantık silsilesinin dışında pek çok şey olacak ama kulağımıza fısıldanan korkutucu senaryo yeterince ikna edici. Gerisini duymayacağız. İş yerlerinde saat başı el yıkama zorunluluğu da düşünülebilir. Koşulsuz uyacağız. El yıkamama özgürlüğü literatüre girecek.

Kovid-19 krizi yabancı düşmanlığı ve ırkçılık için de çok geniş bulvarlar açtı. Olay çok taze, cenazeler henüz kalkmadı ama eminim aşırı sağcı, milliyetçi gruplar ilk antremanlarını, provalarını yaptılar bile.

Kovid-19 muazzam bir duygusallık ve dayanışma kültürüne de kapı açtı. Ayrımcılığın her alanda kök saldığı dünya da virüsün çok fazla ayrım yapmadan hasta ediyor olması bile ılımlı bir hava estirdi.

Ancak aynı zamanda çeşitli otoriter eğilimli ülke ve rejimlerin bu acil durum tedbirlerini demokrasi aleyhine istismar ettiklerini de görüyoruz. Eve kapatmanın ne kadarı bizi hastalıktan korumak için ne kadarı kontrol etmek için henüz ayırdetmek zor ama bu fark bundan sonra karşımıza gelecekleri de belirleyecek.

Önümüz yine de bahar ve yaz. Umudu yeniden yeşertmeye çalışmak gerek.

"En Alttakiler"

4 Mayıs 2020

Günter Wallraff'ın En Alttakiler kitabı 1985 yılında yayınlandı. Wallraff lens ve peruk takıp göçmen Türk işçisi kılığına girerek Almanya'daki göçmenlerin yaşadıklarını yazdı. Kitap 1986 yılında Milliyet gazetesi tarafından Türkçe yayınlandığında çok sevildi ve sanıyorum bir çok da ödül aldı. (Bu arada o yıllarda elinize alınca kirlenme kaygısı taşımadığınız gazeteler olduğuna dikkatinizi çekerim).

Wallraff'ın ne ilk ne son projesiydi bu. Artık kendi adıyla anılan bu yöntemiyle tarihe geçen Wallraf pek çok ezilen grubun hayatını bu şekilde kaleme aldı. En Alttakiler çok 'bizden' olduğu için Wallraff Türkiye'de çok sevildi. 'Milli ezilme' hikayemizi çok güzel anlatmış ve bunu da o zaman en çok satan milli gazete yayınlamıştı. Oysa aynı Wallraff yüzünü boyayıp Afrikalı göçmeni tarif etmeye giriştiğinde ırkçılıkla suçlandı.

En Alttakiler sadece Türklerin değil tüm göçmen işçilerin artık istatistiklerle ve milyonlarca hayat hikayesiyle net olarak bildiğimiz ayrımcılık ve aşağılanma deneyimini anlatıyordu. Avrupa'da o türden fabrika işçisi göçmen pek kalmadı ama beyaz ve mavi yakalı çok daha fiyakalı ünvanları olan işlerde de aynı mekanizmanın işlediğini biliyoruz.

Şimdi bu göçmen işçiler misafir olarak adlandırılmamakla birlikte koronavirüs testiyle bir kez daha öne çıkıyor. Hatırlarsanız virüsle ilgili yasakların ilk tartışıldığı günlerde bakanların ve nihayetinde bizim Osmanlı torunu Boris Kemal'in hastalanmasıyla birlikte insanların yürekleri yumuşamış ve virüs ayrımcılık yapmıyor hissi vermişti.

Bu his duygusal ve aslında alttan yukarıya o sınıfsal karşıtlığı yansıtıyor. Şu an geldiğimiz noktada virüsün de seçici olduğunu ve bal gibi ayrımcılık yaptığını çok net görebiliyoruz. İngiltere'de yoksulların (ve de göçmenlerin), yani 'en alttakilerin' yoğun yaşadığı bölgelerde Kovid-19 vakalarının ve ölümlerinin daha varsıl bölgelere göre 5 kata kadar yüksek. Bunu ulusal istatistik dairesi 1 Mayıs'ta açıkladı.

Burada yoksullara vurgu yapmak göçmenlere vurgu yapmaktan daha önemli çünkü öyle yumurta mı tavuktan tavuk mu yumurtadan gibi bir durum söz konusu değil. Net olarak yumurta tavuktan çıkıyor. Bu mahalleler herşeyden önce yoksul. Göçmenlerin bir kısmı da yoksul oldukları için oralarda oturuyorlar. Zaten göçmen olmalarının ana nedenlerinden biri de yoksulluk. Zengin göçmen zaten az bulunur, bulununca da ona genelde 'göçmen' denmez.

Londra'nın doğu mahallelerinden Newham yüzbinde 146 ölüm oranıyla en altta yer alıyor. Newham'ın bazı sokaklarında 20'den fazla insan Koronadan ölmüş.

Basında geçtiğimiz bir kaç haftada gördüğümüz çok sayıda rapor ve hikaye yoksul diyemeyeceğimiz gruplarda da beklenenden yüksek ölüm oranları olduğuna işaret etti. Örneğin Ulusal Sağlık Hizmetlerinde çalışan doktor, hemşire ve diğer personel arasında Koronadan ölenlerin çoğunluğu göçmen azınlıklardan.

Bunun bir kaç nedeni olabilir. Birincisi doktor da olsalar bu insanlar da şu veya bu şekilde o sınıfın en alttakileri. Göçmen ve azınlık kökenli olmaları onların yine aynı gruplardan gelen daha yoksul kesimlerle yakın ilişkide olma olasılığını artırıyor. Ayrıca göçmen kökenli olmak uluslararası yolculuk yapma ihtimalini de net olarak artırıyor.

Siyah ve Asya kökenli göçmen azınlık gruplar içinde de vaka ve ölüm oranlarının genel nüfusa oranla 3 kat daha yüksek olduğu görüldü. Bunun arkasında da aynı nedenlerin olduğunu düşünmek gerek. En altta olmak zorunlu kollektif bir şey ve o yüzden en altta olanları yoğun olduğu bölgelerde oturuyorsunuz. En altta olanların yaptığı işleri yapıyorsunuz ve riskler de o derece artıyor.

En alttakilerin burada yaşadıklarının başka ülkelerde de aynen var olduğunu söylemeye gerek yok.

Bu akşam kahramanları alkışlarken sadece hastane ve itfaiye çalışanlarını değil pizza dağıtanları da hatırlayalım.

İyi haftalar ve bol şanslar.

www.ingramcontent.com/pod-product-compliance
Lightning Source LLC
Chambersburg PA
CBHW050112170426
43198CB00014B/2543